Wolfgang Dierl

Welcher Käfer ist das?

Die häufigsten Arten Mitteleuropas

Überarbeitet und aktualisiert von Dr. Martin Baehr

▸ Mit Sonderteil: Exotische Käfer der Welt

KOSMOS

141 Farbfotos von T. Angermayer (S. 12, 26, 31, 32, 37, 38, 39, 40, 46, 48, 50, 58, 60, 61, 62, 67, 71, 72, 73, 14, 86, 87, 91, 96, 104, 105, 107, 110, 112, 113, 114, 115, 117, 118, 120, 125), G. Baumgart (S. 39, 84), J. Daudt (S. 21, 92, 101, 118, 122, 123), K.-H. Diffené (S. 29, 55, 76, 80, 89, 119, 123), G. Ewald (S. 121), A. Famula (S. 69), M. Forst (S. 96), F. Hecker (S. 2/3), H. Heidemann (S. 100), W. Kreis (S. 49, 53, 81, 105), H. Kretschmer (S. 22, 30, 64, 70, 78, 94, 109, 113), Okapia/Cooke (S. 134), Okapia/Da-Costal (S. 131), Okapia/Fogden (S. 128), Okapia/KHS (S. 138), Okapia/Lummer (S. 135), Okapia/Sauer (S. 130), Okapia/Sauvanet (S. 137, 139), Okapia/Schwind (S. 141), F. Sauer (S. 23, 26, 27, 28, 33, 34, 35, 36, 41, 42, 43, 44, 54, 63, 65, 66, 67, 68, 77, 82, 83, 84, 99, 106, 116, 125), H. Schrempp (S. 24, 45, 47, 59, 71, 85, 90, 93, 95, 111), Silvestris (S. 132), Silvestris/A.N.T. (S. 136), Silvestris/Brockhaus (S. 133), Silvestris/Sohns (S. 126/127), Silvestris/Willner (S. 129), Silvestris/Wothe (S. 140), K. Tönges (S. 51), H. Wolf (S. 87, 124) und W. Zepf (S. 52, 56, 57, 79, 88, 98, 102, 103, 108) sowie 43 Schwarzweißzeichnungen von W. Dierl (37), W. Söllner (5) und aus dem Archiv (1) und 14 Symbolzeichnungen von M. Golte-Bechtle.

Umschlaggestaltung von Friedhelm Steinen-Broo, eStudio Calamar, unter Verwendung von zwei Aufnahmen von F. Hecker (Nashornkäfer auf der Umschlagvorderseite, Lilienkäfer auf dem Buchrücken).

Die Deutsche Bibliothek – CIP-Einheitsaufnahme
Ein Titelsatz für diese Publikation ist bei der Deutschen Bibliothek erhältlich

Gedruckt auf chlorfrei gebleichtem Papier

2. überarbeitete und aktualisierte Auflage, 2001

ISBN 3-440-08955-x
Lektorat: Bärbel Oftring, Sonnhild Bischoff
Produktion: Lilo Pabel, Katrin Schrof
Satz: G. Müller, Heilbronn und TypoDesign, Radebeul
Druck und Bindung:
Printer Trento s.r.l.
Printed in Italy/Imprimé en Italie

Postfach 106011
D-70049 Stuttgart
TELEFON +49 (0)711-2191-0
FAX +49 (0)711-2191-422
WEB www.kosmos.de
E-MAIL info@kosmos.de

Welcher Käfer ist das?

Vorwort

Unter den Tieren unserer Erde bilden die Käfer die erfolgreichste Gruppe:
Sie erreichen mit knapp einer halben Million nicht nur die größte Artenzahl und zeichnen sich durch eine unbeschreibliche Fülle an Formen und Farben aus, sondern sie besiedeln auch – von nur wenigen Ausnahmen abgesehen – fast alle Lebensräume. Diese Allgegenwart ist zudem mit der Fähigkeit verbunden, sich von allen nur denkbaren organischen Stoffen zu ernähren, lebenden und toten, tierischen und pflanzlichen.
Auch in Mitteleuropa bilden die Käfer die umfangreichste Tiergruppe, mit etwa 8000 verschiedenen Arten. Bei einer solchen Artenfülle steht es außer Frage, daß bei einem Buch diesen Umfangs eine strenge Auswahl getroffen werden muß. Eine Auswahl, die einerseits die häufigsten und bekanntesten Arten berücksichtigt, andererseits aber auch Arten aus solchen Käferfamilien vorstellt, die zwar weniger zu beobachten sind, deren Lebensweise jedoch von besonderer Bedeutung ist, sei es wegen ihres ungewöhnlichen Verhaltens im Freien, sei es wegen ihrer unmittelbaren Bedeutung für uns Menschen als Mitbewohner unserer Wohnungen – entweder als Nützling oder aber als Schädling.
In vielen Käferfamilien gibt es Gruppen von Arten, die sich außerordentlich ähnlich sind und die nur der Spezialist mit umfangreichen Untersuchungen und durch Vergleich mit Fachliteratur und Sammlungen unterscheiden kann. Diese Methoden müssen natürlich im Rahmen dieses Buches ausgeschlossen werden. Es wurde daher bewußt eine möglichst einfache und für den Naturfreund leicht erkennbare Beschreibung der Merkmale gewählt, die zwar in manchen schwierigen Fällen nicht unbedingt zur sicheren Bestimmung einzelner Arten führt, die aber durch den Vergleich der Abbildungen und den Merkmalsangaben zumindest zu den Familien oder Gattungen führt. Dem Naturfreund soll mit diesem Buch eine Einführung in die Käferkunde gegeben werden, verbunden mit dem Wunsch, Verständnis für die Mannigfaltigkeit der Natur zu finden, und, wo immer es auch möglich ist, sie durch bewußtes Handeln zu erhalten und zu pflegen.

Dr. Wolfgang Dierl, München
Vorwort zur 1. Auflage 1987

Überarbeitet und aktualisiert von Dr. Martin Baehr

Zu diesem Buch

Im vorliegenden Naturführer wird eine Auswahl besonders auffallender und im Bereich des Menschen häufiger vorkommender Käferarten abgebildet und beschrieben. Daneben werden aber auch einige Arten behandelt, die nicht so auffällig sind, sich aber durch eine besondere Lebensweise auszeichnen.

Diese neue Auflage wurde von **Dr. Martin Baehr**, einem international anerkannten Käferfachmann, überarbeitet, aktualisiert und um das farbenprächtige Kapitel über exotische Käferarten aus aller Welt erweitert.

Alle **Farbfotos** sind von lebenden Tieren aufgenommen, die sich meist in ihrem typischen Lebensraum aufhalten.
Bei der sehr unterschiedlichen Größe der Käfer ist es jedoch unmöglich, alle Arten im gleichen Maßstab abzubilden, so daß große Arten oft kleiner und kleine Arten immer größer abgebildet werden als ihre natürliche Größe beträgt.
Bei Geschlechtergleichheit wird im Text nichts weiter vermerkt, bestehen jedoch deutliche Unterschiede, so wird bei der Beschreibung darauf hingewiesen oder es sind sogar beide Geschlechter abgebildet.
Zur weiteren Information sind auch noch einige Entwicklungsabläufe im Farbfoto abgebildet oder wird eine typische Larvenform gezeigt.

Die **Symbole** über dem Farbfoto sollen auf einen Blick zeigen, wo sich der betreffende Käfer hauptsächlich aufhält und was er bevorzugt frißt. Diese Angaben sollen zugleich eine Bestimmungshilfe sein.

Dabei bedeutet

Offenland
Wiesen, Äcker, Feldraine, Ödland, Feldwege, ohne wesentlichen Bestand an Büschen und Bäumen

Gehölze
Gebüsche, Hecken, kleine Baumbestände, Waldränder, Gärten, Parks

Wald
Laub-, Misch- und Nadelwald, große, hohe Baumbestände

Gewässer
Die entsprechenden Käferarten schwimmen oder tauchen in Gewässern verschiedenster Art

Häuser
In Wohnungen, sonstigen Gebäuden, Lagerräumen

Der Aufenthalt der Käfer innerhalb dieser Lebensräume richtet sich vor allem nach der Nahrung, dabei bedeutet

Boden
Am Boden oder in der Spreuschicht, auch unter der Oberfläche

Blätter
An den krautigen Teilen von Pflanzen und Bäumen, Blättern und Stengeln

Blüten
An Blüten von Pflanzen und Bäumen zum Fressen von Blütenteilen oder zur Beutejagd

Aas
Tote Tiere oder sonstige tierische, modernde Stoffe

Holz
An oder im Holz, unter der Rinde

Kleider
An Pelzen, Stoffen und anderen Textilien

Vorräte
Tierische und pflanzliche Vorräte im menschlichen Bereich, auch Sammlungen

Modernde Stoffe
Modernde Stoffe im Freien und im Haus

Holzpilze
An oder in Holzpilzen an absterbenden oder toten Bäumen

Käfer sind bewegliche Tiere und können deshalb mehr oder weniger zufällig auch in anderen Lebensräumen gefunden werden. Das vorstehende Schema darf daher nicht als absolut unterscheidend angesehen werden!

17–20 mm

Größenangabe
Die Größenangabe in Millimetern bezeichnet die Länge des Käfers zwischen Kopf und Hinterleibsende

Geschützt!

Geschützte Art
Diese Art steht auf jeden Fall unter dem Artenschutz

Besonders groß ist die Artenvielfalt der Käfer in den Tropen. Hier findet man auch wahre Käfergiganten, darunter so schwere Tiere, die aufgrund ihres Gewichtes nicht mehr fliegen können. Im Anschluß an die häufigsten Käfer, die bei uns leben, werden bekannte und spektakuläre exotische Käfer aus aller Welt vorgestellt.

Die **Texte im Bestimmungsteil** enthalten alles Wissenswerte zum Bestimmen und Kennenlernen der beschriebenen Käferarten in übersichtlicher und leicht verständlicher Form:

Das Stichwort Aussehen ergänzt das Farbfoto mit Angaben über Körperform und Färbung, mit Hinweisen auf besondere Merkmale wie Geschlechtsunterschiede und Varianten sowie Körpergröße. Außerdem werden die familientypischen Merkmale erwähnt.

Unter Vorkommen werden die Lebensraumtypen beschrieben, in denen sich diese Art regelmäßig aufhält. Außerdem wird auf die Häufigkeit und die Jahreszeit (Monate), in der der Käfer beobachtet werden kann, hingewiesen. Käfer können in der Ebene, im Hügelland oder in den Gebirgen vorkommen. Auf die besonderen Verbreitungstypen in den Höhenstufen wird aufmerksam gemacht.

Unter Verbreitung werden bei den exotischen Käfern die tropischen Regionen angegeben, in denen die einzelnen Arten leben. Außerdem wird der Lebensraum genannt.

Unter dem Begriff Lebensweise stehen Informationen über die Tageszeit, zu der der Käfer aktiv ist, über Verhaltensweisen bei der Nahrungssuche und bei der Paarung und über Nutzen oder Schädlichkeit für den Menschen, sowie Gefährdung der jeweiligen Art durch menschliche Eingriffe in die Natur. Hinzu kommen Angaben über die Generationsfolge.

Die Art der Nahrung ist bei Käfern besonders wichtig. Unter diesem Begriff wird die Nahrung sowohl des Käfers als auch seiner Larve beschrieben. Unter dieses Stichwort fällt auch die Art des Nahrungserwerbs, z. B. Beutefang, Blätterfraß und dgl. Die Nahrung kann bei Käfer und Larve verschieden oder gleich sein. Die Bedeutung der Nahrung als Nutzen oder Schaden für den Menschen wird ebenfalls aufgezeigt.

Der Begriff Entwicklung befaßt sich in kurzer Form mit den Vorgängen, die bis zur Entstehung des Käfers führen. So werden die einzelnen Entwicklungsstufen und ihre zeitliche Abfolge beschrieben, u.a. Dauer der Larvenstadien, der Ver-puppung und der Überwinterung. Soweit bekannt, wird auch die Lebensweise der Larven erwähnt, die in manchen Fällen aber immer noch nicht erforscht ist.

Besonderheiten zu den exotischen Käfern sind unter diesem Begriff beschrieben.

Käfer bestimmen – leicht gemacht!

Einen Käfer zu bestimmen ist nicht leicht, handelt es sich doch um recht kleine Tiere, deren Merkmale man nur aus der Nähe richtig erkennen kann. Zu diesem Zweck geben wir den gefangenen Käfer ganz vorsichtig in ein Glas, durch dessen Wand wir den lebenden Käfer leichter genau betrachten können.

Auf diese Weise können wir uns die wichtigsten Merkmale einprägen:

- Wie groß ist der Käfer ungefähr (Kopf bis Hinterleibsende)?
- Welche Körperform hat er?
- Wie ist er gefärbt?
- Gibt es Strukturen auf den Flügeldecken, wie sehen sie aus?

Wenn wir den Käfer wieder in Freiheit entlassen, beobachten wir ihn eine zeitlang.

- Wie verhält er sich?
- Wo haben wir ihn gefunden, am Boden, im Laub, im Gebüsch, im Wald oder im offenen Land oder gar im Wasser?

Haben wir uns all diese Fragen gestellt und auch beantwortet, dann geht's ans Bestimmen, und so gehen wir nun vor:

Beim Durchblättern des Buches suchen wir Käfer, deren Körperumriß zu dem zu bestimmenden Käfer passen. Dann achten wir auf die Strukturen der Flügeldecken und die Form der Fühler.

Meist finden wir in diesem Buch mehrere Käfer mit gleichem Körperumriß. Diese Käfer kommen in die engere Wahl. Wir vergleichen nun die Fotos und Merkmalsangaben im Text mit dem gesuchten Käfer. Stimmt die Größe? Was ist mit der Färbung? Haben wir den Käfer auch in dem angegebenen Lebensraum gefunden?

Bei sehr kleinen Käfern ist es oft notwendig, eine Lupe zur genaueren Betrachtung zu benützen und den Käfer zur Untersuchung vorsichtig in ein Glasröhrchen zu stecken.

Fliegende Käfer fängt man mit einem Schmetterlingsnetz ein und setzt sie dann ins Glas.

Diese Methoden der näheren Betrachtung fügen den Käfern keinen Schaden zu – so lange man vorsichtig verfährt.

Man muß den eingefangenen Käfer nach dem Betrachten und Bestimmen aber sofort wieder in seiner natürlichen Umgebung aussetzen!

Ein Käfer - was ist das?

Käfer sind winzig kleine bis sehr große, rundliche bis länglich ovale Insekten mit folgenden typischen Merkmalen:

- Die Körperoberfläche ist sehr fest.
- Der Körper ist wie bei allen Insekten aus 3 Abschnitten zusammengesetzt: Kopf, Brust und Hinterleib.
- Die Mundwerkzeuge sind immer kauend.
- Es gibt 3 Beinpaare.
- Die beiden Flügelpaare sind sehr unterschiedlich entwickelt: das vordere besteht aus hartschaligen Flügeldecken, das hintere ist häutig und meist unter dem vorderen verborgen.
- Die Entwicklung verläuft über eine vollständige Verwandlung (Metamorphose), d.h. Ei – Larve – Puppe – Käfer.

Der Körperbau eines Käfers

Wie bereits gesagt, besteht der Körper eines Käfers aus 3 Abschnitten: dem Kopf, an dem die Mundwerkzeuge, die Augen und die Fühler sitzen, der Brust, die die 3 Beinpaare und die Flügel trägt und dem Hinterleib mit den Begattungsorganen.

Der Kopf

Am Kopf fallen neben den großen, halbkugeligen Augen, die aus vielen Facetten zusammengesetzt sind, die *Fühler* auf, die ganz unterschiedlich ausgebildet sein können und ein wichtiges Merkmal für die Bestimmung der Käferfamilien bilden.

Die Fühler sind aus vielen kleinen Gliedern zusammengesetzt und

Die wichtigsten Fühlertypen
a borstenförmiger, **b** fadenförmiger, **c** rosenkranzähnlicher, **d** einseitig gezähnter, **e** einseitig gekämmter, **f** doppelseitig gekämmter, **g** keulenförmiger, lang, **h** keulenförmiger, kurz, **i** geknieter, **k** blätterförmiger

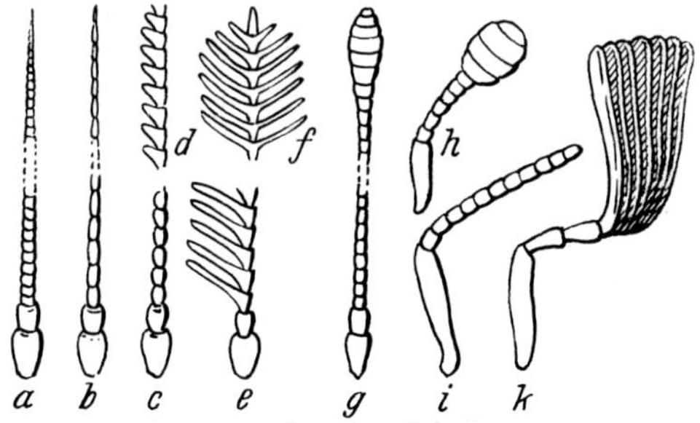

im einfachsten Fall fadenförmig und von sehr unterschiedlicher Länge. Bei einigen Arten sind die Glieder verdickt und geben dem Fühler ein perlschnurartiges Aussehen. Andere weisen zahnförmige, seitliche Vorsprünge auf und werden dann als gesägt bezeichnet. Wieder andere tragen lange, seitliche Fortsätze an den Gliedern, man nennt sie dann gekämmt. Oft ist das Fühlerende knopfförmig oder kolbenartig verdickt. Als besondere Form dieser Verdickung gibt es einen einseitigen Fächer aus blattförmigen Gliedern, die als Blätterkeulen bezeichnet werden. Manche Fühler sind nach dem ersten langen Glied deutlich geknickt, man nennt sie gekniet. Diese Struktur kann in verschiedenen Kombinationen mit den genannten Grundformen auftreten. Die Fühler tragen eine Vielzahl von Sinnesorganen, die vor allem dem Geruchs- und Tastsinn dienen.

Bei manchen Käferarten sind die Fühler des Männchens anders geformt als die der Weibchen.

Die *Mundgliedmaßen* der Käfer gehören prinzipiell zum kauenden Typ, sind aus mehreren Teilen zusammengesetzt und kompliziert gebaut.

Den wichtigsten Teil bilden die Oberkiefer, die als Greifzangen oder Kauladen stark entwickelt sind und seitlich gegeneinander wirken. Sie dienen dem Ergreifen von Beute und dem Zerkleinern der Nahrung. Nur beim Hirschkäfer haben sie diese Funktion verloren und werden vom Männchen lediglich zu Partnerkämpfen verwendet. Die anderen Teile der Mundgliedmaßen, Oberlippe, Unterlippe und Unterkiefer steuern die Nahrungsaufnahme und üben durch Unterlippentaster und Unterkiefertaster, die wie kleine Fühler aussehen, wichtige Sinnesfunktionen aus.

Die spezielle Form der Mundgliedmaßen ist je nach Käferfamilie und der zugehörigen Lebensweise und Art der Nahrung ver-

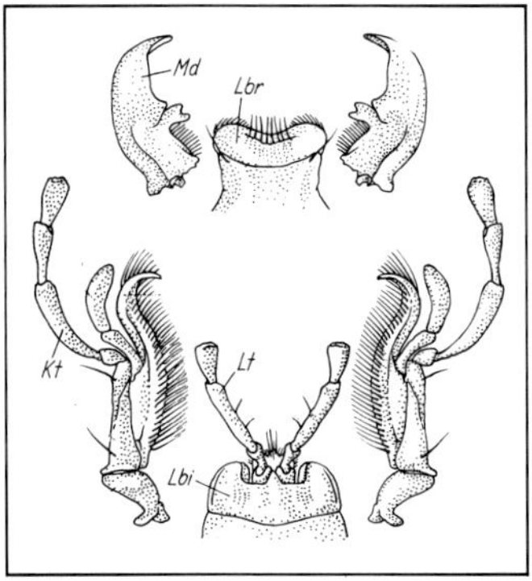

Mundteile eines Laufkäfer
Kt Kiefertaster, **Lbi** Unterlippe, **Lbr** Oberlippe, **Lt** Lippentaster, **Md** Oberkiefer, (aus „Bechyne, Welcher Käfer ist das?“)

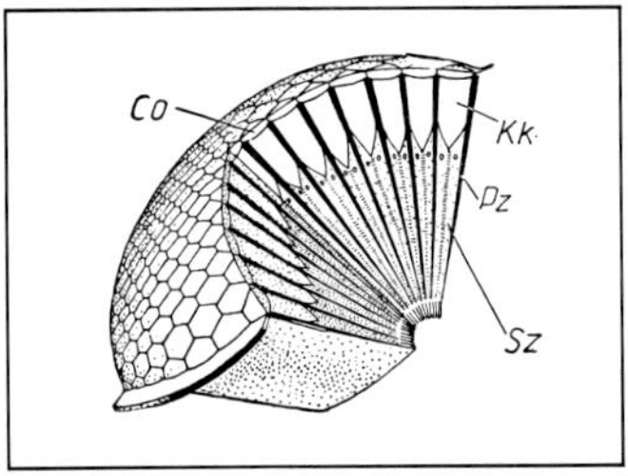

Schema eines Facettenauges
Co Hornhaut, **Kk** Kristallkegel, **Pz** Pigmentzellen, **Sz** Sehzellen (aus „Bechyne, Welcher Käfer ist das?“)

schieden, kann aber meist nur durch genaue Untersuchung mit einer Lupe festgestellt werden. Meist unmittelbar hinter den Fühlern sitzen die großen, zusammengesetzten *Facetten-* oder *Komplexaugen.* Sie sind meist halbkugelig und glänzend schwarz und den verschiedensten Lebensweisen der Käfer angepaßt.

Die Brust

Die stets dreigeteilte Brust trägt auf dem vordersten Abschnitt, der Vorderbrust, auf dem Rücken das große Halsschild, eine breite, oft gerundete Platte. Dahinter liegen, von der Mittelbrust ausgehend, die beiden *Vorderflügel,* die bei den Käfern als harte Schalen, den Flügeldecken, ausgebildet sind und nicht nur den hinteren Teil des Brustabschnittes bedekken, sondern auch ganz oder seltener nur teilweise den Hinterleib. Unter den harten Flügeldecken werden die *häutigen Flügel,* die an der Hinterbrust sitzen und dem Käfer als Flugapparat dienen, zusammengefaltet und verborgen. Der fliegende Käfer klappt die Flügeldecken zur Seite, wo sie dann wie die Tragflächen eines Flugzeuges abstehen, und bewegt nur die Hinterflügel, die in voller Länge ausgestreckt sind. Nur die Rosenkäfer können mit anliegenden Flügeldecken fliegen: Sie strecken die Hautflügel seitlich unter Einbuchtungen der Flügeldecken hervor. Einige Käfer können auch überhaupt nicht fliegen, da ihre Hautflügel rückgebildet sind. Flügeldecken und Halsschild tragen *Farben* und *Oberflächenstrukturen* von ganz unterschiedlicher Form, die sowohl für

Maikäfer, Körper
Linke Seite mit abgehobener Flügeldecke und gespreiztem Flügel. **Hs** Halsschild, **Fld** Flügeldecke (hart), **Hfl** Hinterflügel (häutig) (aus „Bechyne, Welcher Käfer ist das?")

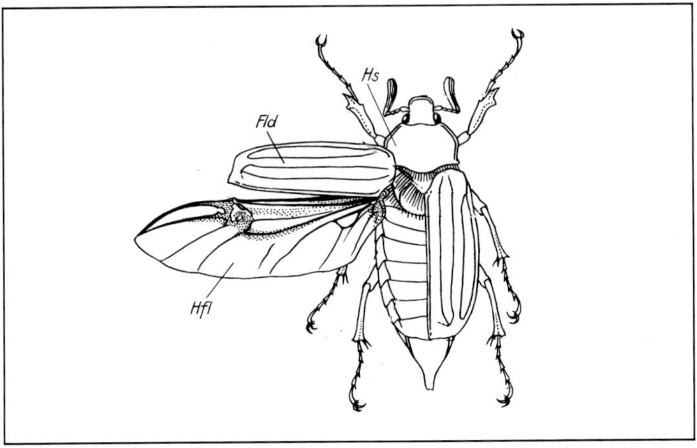

die Familien, noch mehr aber für die einzelnen Arten charakteristisch sind. So gibt es Punkte, Leisten und Gruben, die meist in Längsreihen angeordnet sind, und oft auch in Kombinationen vorkommen können. Dazu kommen vielfach noch Haare oder Borsten in unterschiedlicher Anordnung.

Die Färbung der Käfer wird von Pigmenten bestimmt, die in die harte Körperdecke eingelagert sind. Meist sind es verschiedene Brauntöne, zusätzlich gibt es aber auch rote und weiße Farben, die manchmal vorherrschen. Daneben, und oft überlagert, kommen glänzende oder schillernde, metallische Farben vor, die durch besondere Strukturen in der Körperdecke entstehen. In gleicher Weise sind Kopf und Beine gefärbt und mit Strukturen versehen. Manche Käfer sind auf ihren Körperabschnitten und den Beinen unterschiedlich gefärbt, wobei Männchen und Weibchen bei einigen Arten verschiedene Färbungen zeigen.

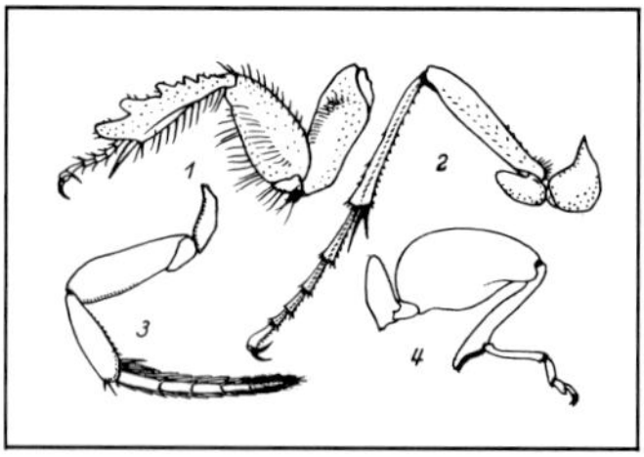

Verschiedene Käferbeine
1 Grabbein, 2 Laufbein, 3 Schwimmbein, 4 Sprungbein (aus „Bechyne, Welcher Käfer ist das?")

Schließlich sei noch auf Arten verwiesen, die eine erhebliche Farbvariation zeigen und früher sogar als verschiedene Arten betrachtet wurden.

Auf der Unterseite des Brustabschnittes sitzen immer 3 *Beinpaare,* deren Bau von der Lebensweise des betreffenden Käfers abhängig ist: Laufkäfer haben lange, kräftige Beine, grabende Arten kürzere, schaufelartig verbreiterte, andere haben verdickte Sprungbeine, und die im Wasser lebenden Arten besitzen paddelförmige Schwimmbeine. Bei manchen Käfern sind die Beine sehr kurz und können unter dem Körper verborgen werden.

Das Käferbein ist in eine Reihe von Abschnitten gegliedert, von denen hier nur die wichtigsten sichtbaren Teile genannt werden sollen: Unter dem Körper ragt zunächst der Oberschenkel hervor, an dem der Unterschenkel (Schiene) sitzt. Darauf folgt der Fuß (Tarsus), der meist aus 5 Gliedern besteht und am Ende Krallen trägt, mit denen sich der Käfer an seiner Unterlage festhält.

An allen Teilen der Beine können Vorsprünge, Dornen, Borsten oder Haare vorkommen, die meist mit einer besonderen Lebensweise zusammenhängen.

Der Hinterleib

Der Hinterleib eines Käfers ist in eine Anzahl von Gliedern, sogen. Segmenten, geteilt, die auf der Oberseite, unter den Flügeldecken weichhäutig sind, auf der Bauchseite jedoch eine harte Schale tragen.

An den Seiten des Hinterleibs gibt es kleine Öffnungen (Stigmen), durch die der Käfer die Atemluft in Röhren einsaugt und im ganzen Körper verteilt. Am Körperende treten manchmal die Geschlechtsorgane hervor, die dem Männchen zur Paarung dienen, dem Weibchen zusätzlich und oft in Form eines Legebohrers zur Eiablage. Bei Bockkäfern ist der Legebohrer als Fortsatz bei einigen Arten zu erkennen, sonst liegt er im Körperinneren verborgen und wird nur bei der Eiablage ausgeschoben.

Vom Ei zum Käfer

Ein besonderes Kennzeichen der Käfer liegt u. a. in ihrer vollständigen Verwandlung, d.h. aus dem Ei schlüpft eine Larve, die nach mehreren Häutungen zur Puppe wird, aus der dann schließlich der fertige Käfer schlüpft. In diesem Entwicklungszyklus gibt es wieder eine große Vielfalt an verschieden geformten Entwicklungsstadien und an verschiedenen Entwicklungsabläufen.

Das Ei

Anzahl und Form der Eier sind je nach Käfer sehr verschieden. Die Eier werden in der Regel an der Nahrung der schlüpfenden Larven oder in deren Nähe abgelegt. Einige Käferarten haben auch eine Form der Brutfürsorge, indem sie die Eier mit Nahrung versehen (z. B. Mistkäfer, Totengräber). Je nach Art und Umweltbedingungen entwickelt sich die Larve in wenigen Tagen oder auch Wochen.

Die Larve

Käferlarven haben entweder 3 Beinpaare am Brustabschnitt oder überhaupt keine Beine. Ihre Augen sind klein und punktförmig, die kurzen Fühler nur wenig gegliedert. Die Körperoberfläche kann mit verschiedenartigen Haaren bedeckt sein. Entsprechend der Lebensweise ist das Aussehen der Käferlarven sehr unterschiedlich:

Beutejäger (Laufkäfer, Schwimmkäfer) sind sehr beweglich, langgestreckt und mit langen Beinen versehen. Zum Ergreifen der Beute dienen lange, spitze Oberkiefer. Arten, die sich zwischen ihre Nahrung zwängen müssen (z. B. Aaskäfer, Borkenkäfer) sind breit und flach.

Larven, die offen an Pflanzen leben (Marienkäfer, Kartoffelkäfer) sind meist gedrungen und kriechen nur langsam umher.

Im Boden lebende Larven sind entweder lang und rund, mit harter Körperdecke (Drahtwürmer) oder fast unbeweglich und weichhäutig, dafür aber mit starken Kauladen versehen (Engerlinge). Die unter der Rinde bohrenden Larven der Borkenkäfer haben schließlich überhaupt keine Beine mehr und sind madenförmig.

Je nach Nahrung kann die Entwicklung der Larve einige Wochen, aber auch mehrere Jahre dauern und wird bei Vorratsschädlingen nicht selten von der Raumtemperatur beeinflußt. Innerhalb ihrer Entwicklungszeit häutet sich die Larve in einer je nach Art festgelegten Zahl, um schließlich die notwendige Größe zur Verpuppung zu erreichen. Mit der endgültigen Größe der Larve wird auch die Größe des Käfers festgelegt, der als solcher nicht mehr wächst.

(Da die Larve von einer mehr oder weniger harten Haut eingehüllt ist, die nicht mitwächst, muß sie von Zeit zu Zeit die Haut abwerfen, d. h. sich häuten.)

Die Puppe

Aus dem letzten Larvenstadium entsteht durch eine weitere Häutung die Puppe, das sogen. Ruhestadium in der Käferentwicklung. Während die Puppe geschützt im Boden oder einem Kokon ruht, werden in ihrem Inneren alle

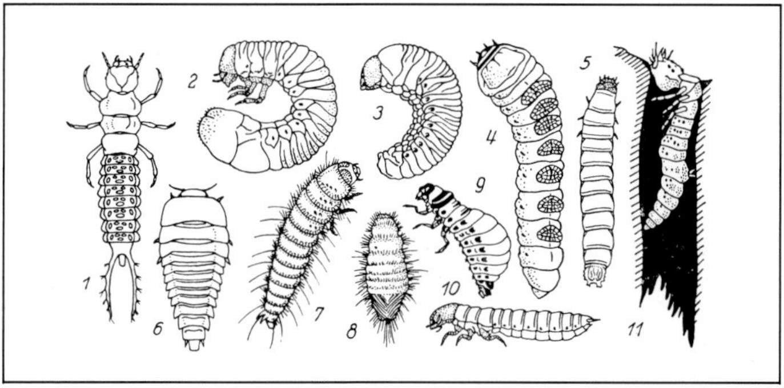

Verschiedene Käferlarven
1 Larve eines Laufkäfers, **2** Larve eines Maikäfers (Engerling), **3** Larve eines Borkenkäfers, **4** Larve eines Bockkäfers, **5** Larve eines Schnellkäfers, **6** Larve eines Aaskäfers, **7** Larve vom Speckkäfer, **8** Larve vom Museumskäfer, **9** Larve vom Kartoffelkäfer, **10** Larve einer Dascillus-Art, **11** Larve des Sandlaufkäfers (aus „Bechyne, Welcher Käfer ist das?").

Larvenorgane ab- und der Käfer aufgebaut.
Zur Vorbereitung der Puppenruhe sucht sich die Larve einen geeigneten Platz, befestigt sich entweder völlig frei an einer Unterlage (Marienkäfer), baut eine Höhle in der Erde oder im Holz oder fertigt sich einen schützenden Kokon an.
Die Dauer der Puppenruhe ist ebenfalls artlich festgelegt. Meist schlüpfen die Käfer schon nach einigen Wochen, bleiben aber den Winter über noch in ihrer Puppenwiege, um erst im folgenden Frühjahr ins Freie zu kriechen.
Die Käfer-Puppe ist in den meisten Fällen eine „freie Puppe", d.h. ihre Körperanhänge sind nicht an den Körper geklebt.

Der Käfer
Die Körperdecke des frisch geschlüpften Käfers ist zunächst sehr weich und kaum gefärbt. Erst durch den Sauerstoff der Luft wird sie hart, die Färbung entwikkelt sich erst nach einiger Zeit.

Generationenzahl
Gewöhnlich erscheint eine Art nur einmal im Jahr in einer Generation (die auch überwintern kann). Erfolgt die Entwicklung jedoch rasch, so können pro Jahr 2–3 Generationen auftreten, je nach Nahrungsangebot und Klima. Bei einigen Käferarten dagegen dauert die Entwicklung 2 oder mehrere Jahre, vor allem wenn ihre Nahrung nicht sehr nährstoffreich ist oder die Käfer sehr groß sind (Maikäfer, Hirschkäfer, mehrere Bockkäfer).

Lebensweise und Verbreitung

Im Laufe ihrer Entwicklungsgeschichte haben die Käfer fast alle Lebensräume besiedelt. Das heißt aber nicht, daß eine Käferart überall zu finden ist – jede Art hat ihren speziellen Lebensraum. Neben den schon immer bei uns heimischen Käfern gibt es auch recht viele, die ursprünglich in den Tropen zu Hause waren, jedoch bei uns eingeschleppt wurden. Zu diesen Arten zählen vor allem die Käfer, die sich bei uns in den Wohnungen aufhalten und höchstens im Sommer im Freien zu finden sind. Unsere einheimischen Käfer erscheinen auch nicht alle zur gleichen Zeit. Jede Art hat – entsprechend ihrer Entwicklung – eine recht streng umgrenzte Erscheinungszeit, die auch von der Lebensdauer der Käfer selbst begrenzt wird: Die meisten Käfer leben nur einige Wochen und nur wenige bringen es auf einen längeren Zeitraum, vor allem wenn sie überwintern.

Überwinterung

Das Klima unserer Heimat zwingt durch seine Frostperioden alle Insekten zu einer Ruhepause, die je nach Art in verschiedenen Entwicklungsstadien durchlebt wird. Beim Überwintern werden alle Körperfunktionen auf ein Minimum herabgesetzt, und selbst strenger Frost kann den Tieren dann nichts anhaben. Tropentiere können das nicht, ihr Überleben ist daher eng mit dem Raumklima menschlicher Behausungen verbunden.

Nahrung

Je nach Nahrungswahl kann man die Käfer in 2 große Gruppen einteilen: die Pflanzenfresser und die Fleischfresser.

Fleischfresser sind Räuber, wenn sie lebende Beute jagen; es gibt aber auch Aasfresser oder Käfer, die nur sonstige tote Organismen als Nahrung suchen, wie z. B. die Speckkäfer, die an Fellen, Insektenleichen oder ähnlichen trockenen, tierischen Abfällen oder Überresten leben.

Die Pflanzenfresser suchen lebende Pflanzenteile verschiedenster Art, aber auch abgestorbene, vermodernde oder getrocknete (z.B. der Erbsenkäfer, der sich hauptsächlich von getrockneten Erbsen ernährt).

Manche Käfer ernähren sich von verschiedenen Pflanzen, andere sind auf ganz spezielle Arten angewiesen.

Die Nahrung der Käfer muß nicht immer mit der der Larven identisch sein.

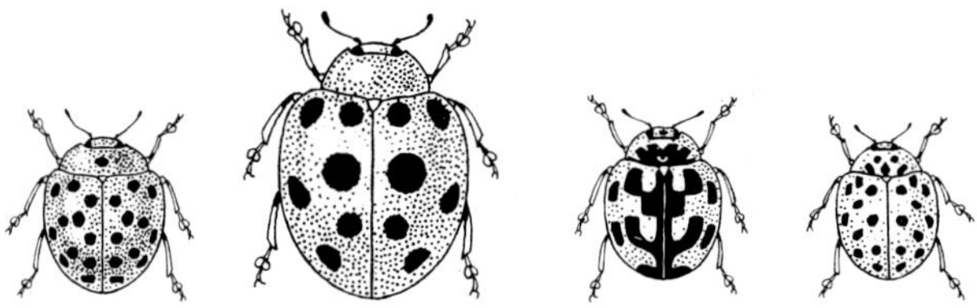

Naturschutz

Manche Käferarten gelten heute noch als gefährliche Schädlinge im Wirtschaftsbereich des Menschen – viele davon sind heute jedoch bedeutungslos geworden, während andere, vor allem zugewanderte, an Bedeutung gewonnen haben. Besonders bedeutungsvoll sind aber die nützlichen Arten geworden. Die räuberischen und manche pflanzenfressenden Käfer sind heute als wichtige Faktoren im Haushalt der Natur erkannt worden. Das bekannteste und überall zitierte Beispiel stellen die Marienkäfer dar, die wegen ihrer Vorliebe für Blattläuse überall hoch geschätzt werden. Man sammelt sie nicht nur, um sie an anderen Stellen auszusetzen, sondern züchtet sie in großen Mengen für die biologische Schädlingsbekämpfung. Sicher sind noch viele andere Käfer als Nützlinge tätig, wenn man sie näher erforscht.

Viele Käferarten sind in den vergangenen Jahren ganz oder teilweise aus den Gebieten ihres natürlichen Vorkommens verschwunden oder selten geworden. Das geht in allen Fällen auf den Menschen zurück, der vor allem besondere Lebensräume verändert oder gar zerstört. Um den Bestand unserer Käfer zu erhalten, müssen deshalb vor allem die Lebensräume geschützt und erhalten werden. Die auf Wiesen und Feldern lebenden Käfer sind durch die Methoden der Landwirtschaft gefährdet, die mit Technik und Chemie den Käfern unmittelbar oder mittelbar durch die Vernichtung ihrer Nahrung die Lebensgrundlage entzieht. Das gilt ebenso für Wasserkäfer, da immer mehr natürliche Gewässer verschwinden. Besonders gefährdet sind alle Käfer deren Larven in alten, teilweise abgestorbenen Bäumen leben, die heute in der Forstwirtschaft keinen Platz mehr haben und aus dem Wald entfernt werden, so daß Arten wie der Hirschkäfer zum Aussterben verurteilt sind.

Zum Schutz seltener und gefährdeter Tierarten wurden Gesetze erlassen: in der Bundesrepublik das Bundesnaturschutzgesetz, in dessen Rahmen die einzelnen Länder Gesetze über Naturschutz und Landschaftspflege beschließen. Dem besonderen Schutz einzelner Arten dient die Bundesartenschutzverordnung, die festlegt, welche Arten gefangen werden dürfen oder nur mit besonderer Genehmigung für Zwecke der Forschung oder Lehre gesammelt oder gehalten werden können.

In diesem Buch behandelte Arten, die unter diese Schutzbestimmungen fallen, sind besonders bezeichnet. Daneben gibt es die Roten Listen gefährdeter Arten, von denen in diesem Buch folgende beschrieben sind:
Großer Puppenräuber, Kolbenwasserkäfer, Hirschkäfer, Nashornkäfer, Alpenbock

In Österreich und in der Schweiz erlassen die Länder und Kantone entsprechende Gesetze. Rote Listen gibt es nur in Österreich, die sinngemäß jedoch auch in der Schweiz angewendet werden können.
Von den Arten in diesem Buch stehen in Österreich folgende auf den Roten Listen:
Wald-Sandlaufkäfer
Großer Puppenräuber
Hirschkäfer
Die in den Gesetzen und Roten Listen vermerkten Arten sind stark bedroht, und jeder Käfersammler sollte bewußt auf den Besitz dieser Tiere verzichten!

Andererseits besteht kein Grund, die Ursache für das Seltenwerden vieler Arten bei den Sammlern zu suchen. Wie bereits gesagt, wissen wir über die Lebensweise vieler Käfer nur wenig oder nichts, und **ein verantwortungsbewußter Sammler kann durch seine Tätigkeit die Kenntnisse erweitern und damit einen Beitrag zur besseren Schutzmaßnahme leisten.**
Die geltenden Gesetze und Verordnungen sind natürlich zu beachten, und zoologischen Museen und Fachverbände für Insektenkunde werden hier gerne beraten.

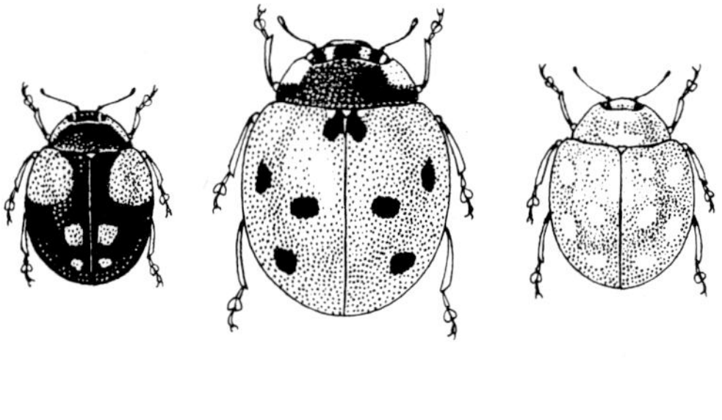

Der Schutz einzelner Arten nützt jedoch nichts, wenn die Lebensräume zerstört werden und damit geeignete Stellen für die Fortpflanzung und die Nahrungspflanzen für die Käfer und Larven verschwinden. Jeder Einzelne kann hier einen Beitrag leisten, wenn er für den Biotopschutz eintritt und im eigenen Garten Möglichkeiten für das Überleben der Käfer schafft – hier kann noch sehr viel getan werden!

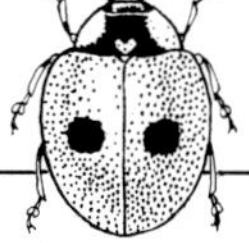

Welcher Käfer ist das?

11–15 mm | Geschützt! | Gesehen: ....

Feld-Sandlaufkäfer, Feldsandläufer
Cicindela campestris
Familie Laufkäfer

Aussehen: Schlank, mit großem abgesetztem Kopf, großen Augen und Oberkiefer, Fühler fadenförmig, Beine lang. Färbung glänzend grün, Körper an den Seiten und Beinen teilweise kupferrot. Flügeldecken mit weißen Flecken in wechselnder Anzahl, immer aber ein Paar hinter der Mitte der Flügeldecken und einige am Rande.

Vorkommen: Weit verbreitet und örtlich häufig auf sonnigen Sand- und Lehmböden auf Feld- und Waldwegen.

Lebensweise: Die Käfer sind bei Sonnenschein aktiv, laufen schnell umher und jagen Insekten als Nahrung, die sie mit den kräftigen Oberkiefern ergreifen. Bei Gefahr fliegen sie rasch einige Meter weiter, um dem vermeintlichen Feind zu entkommen. Die Larven leben an den gleichen Orten in selbstgegrabenen Wohnröhren, an deren Öffnungen sie auf Beute lauern.

Die Art ist durch Zerstörung der Lebensräume gefährdet und verschwindet stellenweise.

Nahrung: Käfer und Larven ernähren sich von gefangener Beute, die in ihrer Wohnröhre vor dem Mund verdaut und ausgesogen wird.

Entwicklung: Die Larve überwintert ein oder mehrmals und verpuppt sich am Grunde der Wohnröhre. Der Käfer schlüpft im Herbst und überwintert.

14–20 mm | Geschützt! | Gesehen: ....

Wald-Sandlaufkäfer
Cicindela silvatica
Familie Laufkäfer

Aussehen: Schlank, mit großem abgesetztem Kopf, großen Augen und Oberkiefer, Fühler fadenförmig, Beine lang. Färbung glänzend schwarzbraun mit weißen Flecken auf den Flügeldecken; an den Schultern ein Schrägstrich, über die Mitte der Flügeldecken ein zickzackförmig verlaufender Streifen und ein runder Fleck nahe dem Hinterende. Die schwarze Oberlippe unterscheidet von ähnlichen Arten.
Vorkommen: Lokal und nicht häufig im nördlichen und östlichen Mitteleuropa, im Süden selten. Auf Sand- und Heideflächen in Kiefernwäldern am Boden und auf Sträuchern. April–August.
Lebensweise: Ist im Sonnenschein aktiv und macht als ausgeprägter Räuber Jagd auf Insekten und Spinnen. Bei Gefahr flüchtet der Käfer durch kurzen Flug vor der Bedrohung. Die Larven leben in Röhren, die sie aber nicht verlassen können, und lauern auf Beute. In der Wohnröhre erfolgt auch die Verpuppung.
Nahrung: Käfer und Larven erbeuten Kleintiere wie Insekten und Spinnen, die sie mit den mächtigen Oberkiefern ergreifen, vor dem Mund verdauen und aussaugen. Die Larve verzehrt die Nahrung in der Wohnröhre.
Entwicklung: Der Käfer schlüpft im Herbst aus der Puppe; die Larve überwintert ein oder mehrmals.

18–28 mm | Geschützt! | Gesehen: ....

Großer Puppenräuber
Calosoma sycophanta
Familie Laufkäfer

Aussehen: Große Käfer mit breitem Rücken und deutlichen Einschnitten zwischen Halsschild und Flügeldecken. Flügeldecken längsgefurcht mit feiner Granulierung. Augen groß, Fühler lang fadenförmig, Beine lang. Flügeldecken glänzend goldgrün, seltener rot, Kopf und Halsschild violett, Beine schwarz.
Vorkommen: Verbreitet, aber je nach Nahrungsangebot jahrweise sehr selten, von der Ebene bis zur Baumgrenze in den Gebirgen. Im Wald meist auf den Bäumen.
Lebensweise: Käfer und Larven jagen nach Schmetterlingsraupen auf Bäumen – besonders jene Arten, die jahrweise häufig auftreten können. Die Käfer können gut fliegen und dadurch neue Lebensräume aufsuchen. Durch ihre Lebensweise leisten sie einen wesentlichen Beitrag zur biologischen Schädlingsbekämpfung, da ein Käfer pro Jahr bis zu 400 Raupen vertilgen kann. Je nach Nahrungsangebot können die Käfer bis zu 4 Jahre alt werden; sie überwintern im Boden. Die Art wurde in die USA zur biologischen Bekämpfung eingeführt.
Nahrung: Käfer und Larven leben von Insektenlarven, besonders von Schmetterlingsraupen.
Entwicklung: Die Larve benötigt nur wenige Wochen bis zur Verpuppung, die im Boden erfolgt. Der frisch geschlüpfte Käfer überwintert.

17–34 mm | Geschützt!

Goldlaufkäfer, Goldschmied
Carabus auratus
Familie Laufkäfer

Aussehen: Mittelgroßer, schlanker Käfer von typischer Laufkäfergestalt. Die Flügeldecken mit 3 breiten Längsrippen und am Ende deutlich ausgeschnitten, im Gegensatz zu anderen ähnlichen Arten. Die Färbung ist glänzend goldgrün, Fühlerbasis, Mundteile und Beine hellrot.
Vorkommen: Auf Feldern und im Buschland vor allem im wärmeren Flachland, aber auch in die Berge aufsteigend. Am Boden, aber auch auf Bäumen kletternd. April–August.
Lebensweise: Der Käfer ist tagaktiv und geht lebhaft umherlaufend auf Beutefang aus. Die Larven jagen dagegen morgens und abends in der Dämmerung. Durch seine Lebensweise als Vertilger von Schädlingen ist diese Art sehr nützlich, besonders in Feldkulturen, wo er besonders dem Kartoffelkäfer und seinen Larven nachstellt. Der Käfer ist ein reines Lauftier und flugunfähig.
Nahrung: Insekten und deren Larven, Schnecken und Würmer, aber auch Aas und Pilze. Die Beute wird mit den mächtigen Oberkiefern ergriffen und vor dem Mund verdaut.
Entwicklung: Die Larve häutet sich meist dreimal und verpuppt sich in einer Puppenwiege im Boden. Die Käfer schlüpfen im Herbst und überwintern unter Moos und Steinen. Sie können 2 Jahre alt werden.

18–28 mm | Geschützt! | Gesehen: ....

Hain-Laufkäfer
Carabus nemoralis
Familie Laufkäfer

Aussehen: Von typischer Laufkäfergestalt. Färbung glänzend bronzebraun oder schwarzgrün. Die Ränder des Halsschilds und der Flügeldecken sind violett oder blau. Die Flügeldecken tragen feine Längsrippen, die durch Reihen von Grübchen unterbrochen sind, die violett gefärbt sein können.
Vorkommen: Lebt weit verbreitet in feuchten Wäldern, Buschland, Gärten und Feldern von der Ebene bis in die Gebirge. Im Frühjahr und Herbst, einzeln.
Lebensweise: Als eifriger Raupenjäger ist die Art sowohl am Tage als auch nachts aktiv. Wichtiger Schädlingsvertilger. Die Käfer halten eine Sommerruhepause ein und erscheinen deshalb zweimal im Jahr. Sie verbergen sich gerne in Moos, unter Steinen und Baumstämmen und in Baumstrünken. Dort verbringen sie auch ihre Ruhepause. Er wurde in die USA eingeführt.
Nahrung: Lebt von verschiedenen Kleintieren und deren Larven, vor allem von Insekten und besonders von Schmetterlingsraupen, aber auch von Obst.
Entwicklung: Die Larve benötigt meist drei Häutungen und verpuppt sich im Boden in einer Puppenwiege. Der frisch geschlüpfte Käfer überwintert; es können aber auch andere Entwicklungsstadien – wie Larve und Puppe – überwintern.

  22–35 mm | Geschützt! | Gesehen: ....

Goldleiste
Carabus violaceus
Familie Laufkäfer

Aussehen: Von typischer Laufkäfergestalt mit fadenförmigen Fühlern und langen Beinen. Färbung schwarz, die Ränder des Halsschilds und der Flügeldecken violett, blau oder blaugrün, das Halsschild oft ganz blau gefärbt, fein gerunzelt. Die Flügeldecken sind fein gekörnt, oft in feine Rippen und Punktreihen geteilt. Die Art zeigt einige Variabilität im Aussehen. Deshalb gibt es eine Reihe von Unterarten.
Vorkommen: Weit verbreitet in feuchten Wäldern vom Flachland bis in die Gebirge, stellenweise häufiger. Juni–August.
Lebensweise: Als Beutejäger ist die Art vor allem am Boden zu finden, wo sie sich gerne unter Moos, Steinen und Baumstämmen verbirgt. Die Käfer sind meist nachts aktiv. Die Larven zeigen eine ähnliche Lebensweise.
Nahrung: Käfer und Larven ernähren sich durch Fang von Kleintieren wie Insekten und deren Larven, Spinnen, aber auch von Aas und Pilzen. Man kann sie mit Aasködern anlocken und fangen.
Entwicklung: Wie bei den meisten großen Laufkäfern benötigt die Larve drei Häutungen, bis sie erwachsen ist. Sie verpuppt sich in einer Erdhöhle im Boden, wobei die Puppe auf dem Rücken liegt und durch steife Borsten vom feuchten Boden abgehoben ist.

22–34 mm | Geschützt! | Gesehen: ....

Glatter Laufkäfer
Carabus glabratus
Familie Laufkäfer

Aussehen: Von typischer Laufkäfergestalt. Fühler lang fadenförmig, Beine lang. Im Gegensatz zu den anderen großen Laufkäfern zeigt diese Art eine glatte Körperoberfläche ohne Rippen und Gruben. Das ganze Tier ist schwach glänzend schwarz oder blauschwarz gefärbt und ohne die blauen Ränder der ähnlichen Goldleiste.
Vorkommen: Weit verbreitet von der Ebene bis in die Gebirge in feuchten Wäldern am Boden; im Sommer, überwinternd bis in das folgende Jahr.
Lebensweise: Als Räuber lebt die Art am Boden, tagsüber versteckt in Moos, unter Steinen oder Rinde. Bei Regenwetter kann man den Käfer auch bei Tage beobachten. Die Larve zeigt eine ähnliche Lebensweise.
Nahrung: Käfer und Larven ernähren sich durch Fang von kleinen Tieren, Insekten, Schnecken und Würmern, die sie mit den mächtigen Oberkiefern ergreifen, vor dem Mund verdauen und aussaugen. Verschiedene Larven, die in Aas leben, werden ebenfalls gefangen.
Entwicklung: Sie verläuft in der für Laufkäfer üblichen Weise über meist 3 Larvenstadien bis zur Puppe, die in einer Erdhöhle liegt. Der Käfer überwintert am Boden unter schützenden Decken wie Moos, Rinde und Steinen und kann dort leicht entdeckt werden.

17–23 mm | Geschützt! | Gesehen: ....

Körniger Laufkäfer
Carabus granulatus
Familie Laufkäfer

Aussehen: Von typischer Laufkäfergestalt mit langen fadenförmigen Fühlern und langen Beinen. Die Färbung ist bronzefarben, grünlich oder schwarz glänzend; die Beine meist schwarz. Die Flügeldecken tragen deutliche Kettenstreifen, die durch glatte Längsrippen getrennt sind. Im Unterschied zu anderen ähnlichen Arten sind die Fühler ganz schwarz gefärbt und viel länger; sie reichen bis zur Mitte der Flügeldecken.
Vorkommen: Weit verbreitet und nicht selten auf Feldern, Wiesen und in Wäldern von der Ebene bis in die Gebirge. April–September.
Lebensweise: Als Räuber lebt die Art am Boden, kann aber als einer der wenigen großen Laufkäfer auch fliegen. (Bei den Gebirgsformen sind die Flügel jedoch verkümmert.) Die jungen Käfer überwintern vom Herbst bis zum Frühjahr oft in Gemeinschaften in Baumstrünken. Sonst sind die Tiere am Tage am Boden verborgen.
Nahrung: Insekten, Würmer, Schnecken, gerne auch Kartoffelkäfer, wodurch die Art besonders nützlich ist. Die Larven ernähren sich in gleicher Weise.
Entwicklung: Sie erfolgt in der bei Laufkäfern üblichen Weise. Die im Herbst schlüpfenden Käfer überwintern und pflanzen sich im folgenden Jahr fort. Jedes Weibchen legt ca. 40 Eier.

17–32 mm	Geschützt!	Gesehen: ....

Körnerwanze

Carabus cancellatus

Familie Laufkäfer

Aussehen: Von typischer Laufkäfergestalt; Fühler lang fadenförmig, Beine lang. Die Oberseite ist metallisch glänzend braun, grünlich oder rötlich. Auf den Flügeldecken finden sich 3 Kettenstreifen aus erhabenen, rundlichen Buckeln, die von 3 durchlaufenden Rippen getrennt sind.
Vorkommen: Als einer der häufigsten Laufkäfer vor allem auf Offenland, Wiesen und Feldern, sowie in Gärten und Gebüschen; nach der Überwinterung bis August; von der Ebene bis in die Gebirge.
Lebensweise: Der Käfer lebt am Boden und jagt nachts nach verschiedenen Kleintieren, am Tage ist er verborgen unter Steinen und im Rasen – ebenso die Larve. Die Körnerwanze ist aber auch nicht selten am Tage aktiv.
Wenn sich der Käfer bedroht fühlt, spritzt er seinen Magensaft bis zu 25 cm weit.
Nahrung: Insekten und deren Larven, vor allem auch Kartoffelkäfer, wodurch die Art wesentlich zur biologischen Bekämpfung beiträgt.
Entwicklung: Das Weibchen legt etwa 45 Eier ab, und die Larve entwickelt sich im Lauf des Sommers. Die im Herbst schlüpfenden Käfer überwintern im Boden.

30–40 mm	Geschützt!	Gesehen: ....

Lederlaufkäfer

Carabus coriaceus

Familie Laufkäfer

Aussehen: Diese Art gehört zu den größten Laufkäfern Mitteleuropas und ist leicht zu erkennen. Die Flügeldecken sind grob gerunzelt, während Kopf und Brustschild eine feinere Runzelung aufweisen. Der ganze Käfer ist matt oder schwach glänzend schwarz gefärbt. An den Schienen der Mittelbeine befindet sich eine Gruppe rostfarbener Borsten.
Vorkommen: Die Art kommt hauptsächlich in Laubwäldern vor, selten in Gärten; von der Ebene bis in die Bergwaldstufe. Am häufigsten im August/September zu beobachten.
Lebensweise: Der Käfer ist am Tage am Boden unter Steinen, Moos und Rinde verborgen und geht nur nachts auf Beutefang aus; nur selten ist er auch am Tage aktiv. Bei Gefahr sondert er eine übelriechende Flüssigkeit aus Hinterleibsdrüsen ab. Er kann 2–3 Jahre alt werden.
Nahrung: Käfer und Larven erbeuten Kleintiere und deren Larven, Insekten, Schnecken und Würmer, verschmähen aber auch nicht Obst. Die Beute wird mit den großen Oberkiefern ergriffen.
Entwicklung: Die Larven (Bild) können behende umherlaufen, die Puppe (Bild) liegt in einer Puppenwiege im Boden.

10–13 mm

Gesehen: ....

Dammläufer
Nebria brevicollis
Familie Laufkäfer

Aussehen: Zierlicher, kleiner Laufkäfer mit langen, fadenförmigen Fühlern und langen Beinen. Der Käfer ist bis auf die Fühler und die Fußglieder, die braunrot gefärbt sind, glänzend schwarz. Die Flügeldecken weisen 9 feine Längsrillen auf. Der Dammläufer ist durch diese Merkmale und durch sein Vorkommen leicht zu erkennen.
Vorkommen: Im Gegensatz zu den anderen Dammläuferarten ist diese Art nicht an Gewässerufer gebunden, sondern kommt recht häufig in feuchten Wäldern am Boden vor. Sie ist weit verbreitet, hauptsächlich in der Ebene.
Lebensweise: Als sehr flinker Läufer geht dieser Käfer auf Jagd nach Beutetieren, kleinen Insektenlarven, Spinnen und Würmern, die mit den als Greifzangen entwickelten Oberkiefern gefaßt werden. Er verbirgt sich gerne am Boden unter Steinen, Rindenstükken und in der Grasnarbe, wo man ihn leicht finden kann. Die Larve zeigt eine ähnliche Lebensweise.
Nahrung: Käfer und Larve jagen nach Kleintieren, die vor dem Mund durch Sekrete verdaut werden, wonach der entstandene Nahrungsbrei aufgesogen wird.
Entwicklung: Sie verläuft grundsätzlich wie bei den anderen Laufkäfern, deren Larven sich nach mehrmonatiger Entwicklung in der Puppenwiege verpuppen.

15–20 mm

Gesehen: ....

Gestreifter Schulterläufer

Pterostichus niger

Familie Laufkäfer

Aussehen: Schlanker, mittelgroßer Laufkäfer mit allen charakteristischen Merkmalen dieser Gruppe. Bis auf die bräunlichen Enden der Fühler und Beine ist die Art glänzend schwarz. Auf den Flügeldecken findet sich eine Anzahl von Längsstreifen. Es gibt mehrere sehr ähnliche Arten, die nur durch eingehende Untersuchungen unterschieden werden können. Diese ist jedoch die häufigste.

Vorkommen: Man findet diesen Käfer überall recht häufig im Offenland auf Feldern, Ufern, in Gärten, aber auch im Wald; von der Ebene bis in die Gebirge.

Lebensweise: Der Käfer jagt sowohl über als auch unter der Erde nach Beute und verbirgt sich am Boden unter Steinen, Rinde und Moos. Man kann ihn in seinen Verstecken leicht auffinden. Seine Larve zeigt eine ähnliche Lebensweise.

Nahrung: Käfer und Larve sind ausgeprägte Fleischfresser, die verschiedene Kleintiere erbeuten, vor dem Mund verdauen und dann aussaugen.

Entwicklung: Nach mehrmonatiger Entwicklungsdauer verpuppt sich die Larve in einer Puppenwiege im Boden. Der Käfer ist im Herbst fertig entwickelt und schlüpft. Bis zum folgenden Frühjahr überwintert er im Boden, um dann die Fortpflanzung zu vollziehen.

6,5–8,5 mm

Gesehen: ....

Erzfarbiger Kamelläufer, Kanalkäfer

Amara aenea

Familie Laufkäfer

Aussehen: Kleiner Laufkäfer mit länglich ovalem Körperumriß, fadenförmigen Fühlern und langen Beinen. Am Halsschild flach grubenförmige Eindrücke, Flügeldecken mit Längsfurchen. Die variable Färbung kann kupferfarbig, grün, schwarz oder blau sein, jeweils glänzend. Charakteristisch sind die 3 ersten gelbroten Fühlerglieder, die ihn von anderen, sehr ähnlichen Arten unterscheidet.
Vorkommen: Diese häufige Art ist weit verbreitet in offenem Gelände wie Feldern, Wegen, Ödland und in Siedlungen.
Lebensweise: Der Käfer ist tags bei Sonnenschein aktiv und läuft flink auf Nahrungssuche umher. Man kann ihn deshalb leicht beobachten. Er verbirgt sich gerne unter Steinen, Graswurzeln und Laub. Die Larve lauert in einer Erdröhre im Boden auf Beute.
Nahrung: Der Käfer lebt sowohl räuberisch und jagt nach Insektenlarven, nimmt aber auch Pflanzenteile zu sich und findet sich gelegentlich an den Ähren von Gräsern und Getreide, deren weiche Körner er gerne frißt; er lebt aber auch von anderen Pflanzenteilen.
Entwicklung: Die in Erdröhren lebende Larve verpuppt sich nach mehreren Monaten und Häutungen in den Röhren. Der Käfer überwintert und erscheint wieder im folgenden Frühjahr.

5–7,5 mm

Gesehen: ....

Kleiner Bombardierkäfer
Brachinus explodens
Familie Laufkäfer

Aussehen: Dieser kleine Laufkäfer zeigt im Vergleich zu den breiten Flügeldecken einen schmalen Kopf und schmalen Brustschild. Die Fühler sind fadenförmig und die Beine lang. Die Flügeldecken sind glatt und weisen nur Spuren von ganz feinen Punktreihen auf. Kopf, Brustschild, Fühler und Beine sind hell rotbraun gefärbt, die Flügeldecken dagegen, die am Ende abgeschnitten sind, glänzend blau.
Vorkommen: Nicht selten im Flachland an Rainen, in Hecken und in lichten Wäldern am Boden unter Steinen. Wird nach Norden zu seltener und fehlt in den Alpen.
Lebensweise: Der Käfer, der auch am Tage aktiv ist, zeigt eine eigenartige Verteidigungsmethode: Am Ende seines Hinterleibs sitzen Drüsen, in denen sich ein Sekret befindet, das bei Gefahr durch Gasdruck ausgeschleudert wird und an der Luft mit hörbarem Knall explodiert. Diesen Effekt nützt der Käfer zur Abschreckung und zur Flucht.
Nahrung: Käfer und Larven ernähren sich auf die bei Laufkäfern übliche Weise durch Beutejagd auf Kleintiere, die sie mit den spitzen Haken ihrer Oberkiefer ergreifen und durch Speichel vor dem Mund verdauen und dann aufsaugen. Die Mundwerkzeuge dienen nur als Greifhaken.
Entwicklung: Wie bei den meisten anderen Laufkäfern.

6–9 mm

Gesehen: ....

Schwarzköpfiger Breithalsläufer
Calathus melanocephalus
Familie Laufkäfer

Aussehen: Kleiner Laufkäfer mit längsovalem Körperumriß, wobei das Halsschild fast so breit wie die Flügeldecken ist. Das Halsschild ist glatt, die Flügeldecken längsgestreift mit 3 Gruben im 3. Zwischenraum. Kopf und Flügeldecken sind glänzend schwarz gefärbt, während Fühler, Halsschild und Beine gelbrot sind. Fühler fadenförmig, Beine lang.
Vorkommen: Weit verbreitet und häufig in offenem, sonnigem Gelände, aber auch in lichten Wäldern am Boden. In den Alpen steigt die Art hoch empor, sieht dann aber anders aus: Das Halsschild ist so dunkel gefärbt wie die Flügeldecken. Man findet die Käfer im Frühjahr und Sommer.

Lebensweise: Diese Käferart ist nachts aktiv und verbirgt sich am Tage unter Steinen und Rinde, findet sich aber auch in Blüten und Pilzen. Die Larve lebt im Boden.
Nahrung: Sowohl Käfer als auch Larve leben von erbeuteten Kleintieren, sind also Fleischfresser, und verdauen ihre Nahrung vor dem Mund, bevor sie sie aufsaugen. Dabei werden auch Blütenbesucher und Bewohner von Pilzen ergriffen.
Entwicklung: Sie erfolgt in der für Laufkäfer typischen Weise, bei der sich die Larven nach mehreren Häutungen und der Überwinterung verpuppen, die Käfer erst im folgenden Jahr schlüpfen.

 3–3,5 mm

Gesehen: ....

Sechsfleckiger Zwergschwimmer

Hydroporus palustris
Familie Echte Schwimmkäfer

Aussehen: Dieser kleine Schwimmkäfer zeigt einen längsovalen Körperumriß, wobei Kopf, Halsschild und Flügeldekken glatt ineinander übergehen. Der Strömungswiderstand im Wasser wird dadurch verringert. Die Fühler sind lang fadenförmig, die Hinterbeine durch Borstensäume zu Rudern umgebaut. Die Grundfarbe ist dunkelbraun; Kopf, Halsschild und Flügeldekken zeigen gelbliche, unscharf begrenzte und sehr variable Flecken und Streifen.
Vorkommen: Die Art ist weit verbreitet in kleinen stehenden Gewässern und häufig.
Lebensweise: Der Käfer lebt gewöhnlich im Wasser, wo er rasch umherschwimmt und taucht. Er fliegt aber auch gut und sucht so neue Lebensräume auf. Seinen Luftvorrat trägt er unter den Flügeldecken und erneuert ihn, indem er das Hinterleibsende über die Wasseroberfläche streckt.
Nahrung: Käfer und Larven fangen Kleintiere wie Mückenlarven. Die Larve spritzt mit den Oberkiefern Verdauungssäfte in die Beute und saugt sie aus, der Käfer dagegen zerkleinert die Beute und verdaut sie im Kropf.
Entwicklung: Die erwachsene Larve fertigt am Ufer außerhalb des Wassers eine Puppenwiege an, in der sich der Käfer entwickelt. Dieser überwintert im Wasser.

27–35 mm

Gesehen: ....

Gelbrandkäfer, Gemeiner Gelbrand
Dytiscus marginalis
Familie Echte Schwimmkäfer

Aussehen: Körperumriß oval. Oberseite schwarz mit leicht olivfarbener Tönung. Flügeldecken an den Seiten, Halsschild an den Seiten, vorne und hinten gelb gerandet, Unterseite gelbbraun. Flügeldecken beim Männchen (Bild rechts unten) glatt, beim Weibchen (Bild oben) bis zum hinteren Drittel gefurcht. Hinterbeine mit seitlichem Borstensaum, Vorderbeine beim Männchen mit Saugnäpfen, mit denen bei der Paarung das Weibchen festgehalten wird.
Vorkommen: In stehenden Gewässern mit Wasserpflanzen und Ufervegetation.
Lebensweise: Guter Schwimmer und Flieger, fliegt meist nachts. Trägt beim Tauchen den nötigen Luftvorrat, der durch regelmäßiges, kurzes Auftauchen erneuert wird, mit sich.
Nahrung: Käfer und Larven leben räuberisch von Jungfischen, Kaulquappen, Insektenlarven.
Entwicklung: Im Frühjahr legt das Weibchen ca. 1000 Eier mit ihrem Legebohrer in die Stengel von Wasserpflanzen. Ei- und Larvenentwicklung abhängig von der Wassertemperatur. Die Larve (Bild) steigt mit 6–8 cm Länge ans Ufer und fertigt aus Speichel und Erde eine Höhle an, in der sie sich verpuppt (Bild) und zum fertigen Käfer entwickelt, der nach dem Aushärten der Flügel (Bild) die Puppenwiege verläßt.

15–18 mm

Gesehen: ....

Gemeiner Furchenschwimmer
Acilius sulcatus
Familie Echte Schwimmkäfer

Aussehen: Körperumriß rundlichoval mit fadenförmigen Fühlern und zum Schwimmen umgeformten Hinterbeinen mit Borstensäumen. Die Grundfarbe ist gelblich, am Kopf schwarze V-Zeichnung, am Halsschild 2 breite, schwarze Querbinden und auf den Flügeldecken feine schwarze Pünktchen von unterschiedlicher Stärke und Verteilung. Männchen mit glatten Flügeldecken und Saugscheiben an den Vorderbeinen; Weibchen mit behaarten Längsrillen und einfachen Beinen.
Vorkommen: Weit verbreitet und häufig in kleineren, stehenden Gewässern von der Ebene bis in die Gebirge, auch in Regenlachen. Die Käfer fliegen sehr gut und suchen so neue Wasserstellen.
Lebensweise: In steter Bewegung schwimmt und taucht dieser Käfer auf der Suche nach Beute. Die Atemluft unter den Flügeldecken wird beim Auftauchen erneuert. Die Larve lebt auch im Wasser.
Nahrung: Sie besteht aus kleinen Wassertieren, vor allem Mückenlarven. Der Käfer zerstückelt seine Beute, die Larve saugt sie aus.
Entwicklung: Die Weibchen legen ihre Eier an Gegenstände und Pflanzen, am Ufer oder an schwimmendes Holz ab, und zwar immer über der Wasseroberfläche. Auch die Verpuppung erfolgt über Wasser.

5–7 mm

Gesehen: ....

Taumelkäfer
Gyrinus substriatus
Familie Taumelkäfer

Aussehen: Kleine, schwarz glänzende Käfer, Körperumriß längs oval, gewölbt. Auf den Flügeldecken feine Punktreihen. Die Vorderbeine sind lang, bei den Männchen mit Saugscheiben; sie dienen dem Beutefang. Die Mittel- und Hinterbeine sind zu Ruderstummeln umgeformt und rotbraun gefärbt. Die Fühler sind kurz und dick, die Augen zweigeteilt – zum Sehen über und unter dem Wasser.
Vorkommen: Dieser Käfer ist bei uns überall verbreitet und findet sich oft in Gruppen auf der Oberfläche stehender Gewässer; von der Ebene bis in die Gebirge.
Lebensweise: Die Käfer schwimmen auf der Wasseroberfläche in unregelmäßigen Kurven und finden sich an sonnigen Tagen oft in Gruppen. Bei Gefahr tauchen sie und stoßen aus dem Hinterleib ein Sekret ab, das das Wasser trübt. Sie können auch fliegen und suchen so neue Wasserstellen auf.
Nahrung: Die Käfer erbeuten Insekten, die auf die Wasseroberfläche fallen. Die Larven fangen ebenfalls Beute, aber unter Wasser, da sie durch Tracheenkiemen atmen und deshalb nicht zur Oberfläche aufsteigen müssen.
Entwicklung: Die Eier werden an Wasserpflanzen geklebt. Die erwachsene Larve baut am Ufer eine Lehmkammer, in der sie sich verpuppt. Der Käfer überwintert außerhalb des Wassers.

35–50 mm

Gesehen: ....

Großer Kolbenwasserkäfer
Hydrous piceus
Familie Wasserfreunde

Aussehen: Sehr große, glänzend schwarze Käfer mit grünlichem Schimmer und feinen Grübchen in Längsreihen. An den Beinen lange, goldfarbene Haare, die zusammen mit den abgeflachten Beinen zum Schwimmen unter Wasser dienen. Die kurzen Fühler sind am Ende kolbig verdickt und gelblich gefärbt.
Vorkommen: Der Käfer ist in größeren, stehenden oder langsam fließenden Gewässern mit reichlichem Wuchs von Wasserpflanzen weit verbreitet, vor allem in der Ebene. Leider ist er heute an vielen Stellen selten geworden.
Lebensweise: Unter Wasser bewegt sich der Käfer mit abwechselndem Beinschlag fort. Zum Atmen kommt er zur Wasseroberfläche, mit dem Kopf voran, und leitet Luft über die Fühler zur Bauchseite. Die Larven kriechen auf Wasserpflanzen und am Boden und atmen durch Tracheenkiemen.
Nahrung: Der Käfer ernährt sich von Wasserpflanzen, die Larve hingegen jagt nach Beute, die vor dem Mund verdaut wird.
Entwicklung: Das Weibchen legt seine Eier in einen kunstvollen Kokon, der auf der Wasseroberfläche schwimmt und durch eine Röhre mit Luft versorgt wird. Erwachsene Larven bauen sich am Ufer eine Puppenwiege. Der Käfer schlüpft im Herbst und sucht fliegend neue Wasserstellen.

4,5–6,5 mm

Gesehen: ....

Teichkäfer
Helochares obscurus
Familie Wasserkäfer

Aussehen: Der kleine, länglich ovale Käfer ist hochgewölbt und glänzend braun. Die Flügeldekken sind fein punktiert und bedekken völlig den Hinterleib. Der vorstehende Kopf trägt ziemlich kurze Fühler und deutlich längere, dünne Taster. Das Fühlerende ist zu einer länglichen Keule verdickt. Fühler und Beine sind braun gefärbt.
Vorkommen: Der Käfer ist weit verbreitet und häufig. Man findet ihn in stehenden Gewässern wie Tümpeln, oft kann er aber selbst in kleinen Wasserlachen beobachtet werden.
Lebensweise: Als Wasserkäfer ist er auf Luftatmung angewiesen. Mit seinen Fühlern holt er Luft an der Wasseroberfläche und speichert sie unter den Flügeldecken. Unter Wasser schwimmt er mit abwechselnden Beinbewegungen, die einem Laufen gleichkommen. Fliegend sucht er neue Wasserstellen auf, die er vor dem Austrocknen wieder verläßt.
Nahrung: Der Käfer lebt von Wasserpflanzen, während die Larve sowohl Wasserpflanzen als auch Kleintiere verzehrt.
Entwicklung: Das Weibchen sondert aus Hinterleibsdrüsen Gespinstfäden ab, aus denen ein Kokon für die Eier geformt wird. Diesen trägt es am Hinterleib festgeklebt mit sich herum, bis die Larven schlüpfen. Zur Verpuppung gehen die Larven an Land.

7–11 mm

Gesehen: ....

Vierfleck-Gaukler
Hister quadrimaculatus
Familie Stutzkäfer

Aussehen: Kleiner Käfer mit ovalem Körperumriß, nur flach gewölbt. Glänzend schwarz mit roten Flecken unterschiedlicher Größe auf den Flügeldecken. Flügeldecken seitlich mit 3 feinen Längsstreifen. Halsschild vorne mit vorspringenden Ecken und 3 Randstreifen an dieser Stelle. Kopf mit kräftigen Oberkiefern und kurzen Fühlern mit Kolben am Ende. Die kurzen Grabbeine schaufelig verbreitert und mit kräftigen Dornen besetzt. Das für die Familie wichtige Merkmal bilden die verkürzten Flügeldecken, die das Hinterleibsende freilassen.
Vorkommen: In wärmeren Gegenden recht häufig in der Ebene, in Kuh- und Pferdemist sowie in Pilzen und faulenden Pflanzen.
Lebensweise: Die Käfer können mehrere Jahre alt werden und überwintern. Bei Gefahr ziehen sie Fühler und Beine an den Körper und stellen sich tot. Sie graben in Kuh- und Pferdemist, faulenden Pflanzen und Pilzen nach Nahrung, haben aber auch für den Flug brauchbare Flügel.
Nahrung: Käfer und Larven leben räuberisch meist von Insektenlarven in faulenden Pflanzenteilen und Kot.
Entwicklung: Das Weibchen legt die Eier in den Boden. Die Larven durchlaufen mehrere Häutungen und fertigen im Boden eine Puppenwiege an, aus der der fertige Käfer schlüpft.

12–22 mm

Gesehen: ....

Totengräber

Necrophorus vespillo

Familie Aaskäfer

Aussehen: Mittelgroßer Käfer von längsgestreckter Körperform. Die Flügeldecken sind am Ende verkürzt und lassen 3 Ringe des Hinterleibsendes frei. Die Grundfarbe ist schwarz, die Fühlerkeule rötlich, auf den Flügeldecken 2 gelbrote, breite und wellig begrenzte Querbinden von unterschiedlicher Größe und langen hellen Haaren am Vorder- und Hinterrand. Die Fühler tragen am Ende eine Keule aus verbreiterten Gliedern.
Vorkommen: Weit verbreitet und nicht selten auf lockeren Böden bei Tierkadavern.
Lebensweise: Die Käfer können gut fliegen und sind vor allem nachts aktiv auf der Suche nach Tierkadavern, vor allem von Kleinsäugern. Die Kadaver werden vom Weibchen eingegraben und in einer Erdhöhle zu einer Kugel umgeformt, bei der die Eier abgelegt werden. Mit ihrem Speichel „präpariert" das Weibchen dann den Kadaver und macht ihn dadurch für die Larven aufnehmbar. (Diese Form der Brutfürsorge ist einzigartig bei Käfern.)
Nahrung: Käfer und Larven leben von Tierkadavern.
Entwicklung: An jedem Kadaver werden nur wenige Eier abgelegt, so daß die Nahrung für alle Larven ausreicht. Diese verpuppen sich nach kurzer Entwicklungszeit in der Umgebung im Boden in einer Puppenwiege.

10–15 mm

Gesehen: ....

Schwarzer Aaskäfer, Schwarzer Schneckenjäger
Phosphuga atrata
Familie Aaskäfer

Aussehen: Körperform oval, flach; Kopf schnauzenartig vorgestreckt, mit langen, perlschnurartigen Fühlern. Der ganze Käfer ist schwarz gefärbt, selten braun. Das Halsschild und die Flügeldecken runzelig punktiert und glänzend, die Flügeldecken mit 4 aufgewölbten Rippen, Rand mit breitem, aufgebogenem Saum. Alle Beine lang und schlank.
Vorkommen: Meist verbreitet und nicht selten unter Moos, Rinde und Laub an feuchten Stellen, an denen es Schnecken gibt.
Lebensweise: Käfer und Larve sind Schneckenjäger und finden sich deshalb vor allem an solchen Stellen, die auch von Schnecken aufgesucht werden. Durch die abgeflachte Körperform sind sie in der Lage, in enge Spalten zu kriechen, um ihre Beute zu suchen. Sie sind in ihrer Lebensweise deshalb eher verborgen. Man kann sie aber leicht finden, wenn man zum Beispiel die morsche Rinde alter Baumstümpfe entfernt.
Nahrung: Käfer und Larven ernähren sich von Schnecken. Der Käfer kann durch seinen vorgezogenen Kopf die Beute bis in die Gehäuse hinein verfolgen. In gleicher Weise geht die Larve vor, die ebenfalls sehr flach und gestreckt ist und so die Beute leicht erreichen kann.
Entwicklung: Die erwachsene Larve verpuppt sich an einer geeigneten Stelle im Boden.

11–16 mm

Gesehen: ....

Rothalsige Silphe
Oeceoptoma thoracica
Familie Aaskäfer

Aussehen: Der Käfer ist abgeplattet und weist einen breit ovalen Körperumriß auf. Er ist schwarz gefärbt bis auf das Rückenschild, das rot und dicht mit feinen, goldglänzenden Haaren bedeckt ist, dadurch kann diese Käferart mit keiner anderen verwechselt werden. Auf den Flügeldecken gibt es einige aufgewölbte Rippen, am Rand einen flachen, aufgebogenen Saum. Die Fühler sind mäßig lang und zum Ende hin etwas kolbig verdickt.
Vorkommen: Dieser Käfer ist weit verbreitet und überall häufig an Kot, Aas und Stinkmorcheln. Man kann Käfer und Larven zur gleichen Zeit finden.
Lebensweise: Sie wird vor allem durch die Nahrung bedingt, die aus vielerlei abgestorbenen Lebewesen besteht. Dies hat sich auch die Stinkmorchel zunutze gemacht: Sie strömt einen fauligen Geruch aus, der nicht nur Fliegen anlockt, sondern auch diese Käferart, die zwar von diesem Pilz frißt, gleichzeitig aber auch seine Sporen verbreitet.
Nahrung: Käfer und Larven leben von Kot, Aas, faulenden Pflanzenteilen und der schon erwähnten Stinkmorchel. Im Kreislauf der Natur spielt der Abbau solcher Stoffe eine erhebliche Rolle.
Entwicklung: Durch die Nahrung bedingt ist der Entwicklungsablauf nicht wesentlich an Jahreszeiten gebunden.

17–22 mm

Gesehen: ....

Kaiserlicher Kurzflügler
Staphylinus caesareus
Familie Kurzflügler

Aussehen: Ziemlich kleine, sehr schlanke Käfer mit auffallend kurzen Flügeldecken, die nur ein Drittel des Hinterleibs bedecken (Familienname!). Der Käfer ist überall fein behaart; Kopf, Halsschild und Hinterleib sind schwarz gefärbt, die nur wenig verdickten Fühler, die Beine und besonders die Flügeldecken aber rot. Am Hals findet sich ein gelber Haarsaum und auf den Hinterleibsringen paarige gelbe Haarflecken. Die Oberkiefer sind kräftig entwickelt.
Diese Käferart ist durch ihr Aussehen nicht zu verwechseln.
Vorkommen: Der Käfer lebt in Wäldern am Boden und ist im nördlichen Mitteleuropa selten, wird nach Süden aber häufiger.
Lebensweise: Seine mächtigen Oberkiefer weisen den Käfer als Räuber aus, der seine Beute am Boden jagt und durch seine schlanke Gestalt auch in kleine Spalten eindringen kann. Bei Gefahr nimmt er eine Drohhaltung ein: die Kiefer werden gespreizt und der Hinterleib nach vorne hochgebogen. Er kann auch fliegen, denn unter den kurzen Deckflügeln eingefaltet liegen häutige Flügel.
Nahrung: Käfer und Larven leben von Nacktschnecken und Insektenlarven.
Entwicklung: Nach 3 Häutungen verwandelt sich die Larve in eine Mumienpuppe.

22–32 mm

Gesehen: ....

Schwarzer Moderkäfer
Ocypus olens
Familie Kurzflügler

Aussehen: Dieser Käfer bildet die größte Art der Kurzflügler in Mitteleuropa. Er ist sehr schlank und besitzt einen großen Kopf mit mächtigen Kieferzangen. Der ganze Käfer ist schwarz gefärbt und durch die feine und dichte Punktierung der Oberseite nur matt glänzend.
Gegenüber seinen nächsten Verwandten unterscheidet er sich durch die relative Länge der Flügeldecken bezogen auf die Länge des Halsschilds.
Vorkommen: Der Käfer ist weit verbreitet und häufig vor allem in Laubwäldern, in denen er sich tagsüber unter modernden Holzstücken aufhält.
Lebensweise: Bei Gefahr nimmt er die bei Kurzflüglern übliche Abwehrhaltung ein und kann mit seinen großen Kieferzangen empfindlich beißen. Diese weisen ihn auch als Räuber aus, der seine Beute auch im Innern von vermodernden Pflanzenteilen aufsucht (Name!). Seine Larve lebt in gleicher Weise.
Nahrung: Käfer und Larve ernähren sich von Kleintieren, wie Insektenlarven und Schnecken.
Entwicklung: Die Eier werden einzeln abgelegt, und die Larven durchlaufen 3 Häutungen, bis sie sich im Boden verpuppen. Im Gegensatz zu den meisten anderen Käferpuppen ist diese eine Mumienpuppe, bei der alle Körperanhänge fest verbunden sind.

7,5–8,5 mm

Gesehen: ....

Gemeiner Uferräuber, Uferkurzflügler

Paederus litoralis

Familie Kurzflügler

Aussehen: Dieser kleine, schlanke Käfer ist vor allem durch seine Färbung zu erkennen: Fühler und Beine sind gelb, die Schenkelenden mit schwarzen Ringen. Das gerundete Halsschild und die 4 ersten sichtbaren Hinterleibsringe sind rot gefärbt, während Kopf und Hinterleibsende eine schwarze Farbe aufweisen. Die Flügeldecken sind metallisch glänzend blau und fein granuliert.

Vorkommen: Weit verbreitete und häufige Art, die man auf feuchten Wiesen und an Gewässerufern findet. Bevorzugt werden sandige und lehmige Böden.

Lebensweise: Dieser Käfer ist eine am Tag aktive Art. Behende läuft er im Sonnenschein mit erhobenem Hinterleib umher und sucht nach Beute. Die Larven leben hauptsächlich an Gewässerufern verborgen in Streu und angespülten Pflanzenteilen. Sie suchen ebenfalls nach Beute. Zur Abwehr drohender Gefahr wird die bei Kurzflüglern übliche Drohhaltung angenommen, es können aber auch Sekrete aus Drüsen am Hinterleibsende verspritzt werden, die ätzend wirken.

Nahrung: Käfer und Larven leben vom Fang kleiner Tiere wie Insektenlarven und Schnecken.

Entwicklung: Sie verläuft in der für Kurzflügler üblichen Weise über 3 Larvenstadien und führt schließlich zu einer Mumienpuppe, die im Boden liegt.

  7–12 mm

Gesehen: ....

Roter Bunträuber

Oxyporus rufus

Familie Kurzflügler

Aussehen: Im Gegensatz zu den meisten anderen Kurzflüglern ist dieser Käfer eher etwas gedrungen gebaut und zeichnet sich durch seine Buntheit aus. Der große Kopf ist breiter als das Halsschild und mit mächtigen Kieferzangen besetzt und schwarz gefärbt. Die schwach kolbenförmigen Fühler und die Beine haben eine gelbe Farbe. Das Halsschild und die vorderen Hinterleibsringe sind rot, die Flügeldecken schwarz mit großen, gelben Flecken am Vorderrand. Das Hinterleibsende ist schwarz gefärbt.

Vorkommen: Die Art ist weit verbreitet und nicht selten. Man findet sie im Sommer bei Hutpilzen vor allem im Wald. Hier leben auch die Larven.

Lebensweise: Die Käfer bohren sich auf der Jagd nach Beute in Hutpilze, in denen auch die Larven leben. Ansonsten verhalten sich die Käfer wie andere Kurzflügler-Arten.

Nahrung: Der Käfer bohrt in Röhren- und Blätterpilzen auf der Jagd nach Larven pilzbewohnender Insekten; man nimmt aber an, daß er auch Pilzfasern verzehrt. Die Larve lebt ausschließlich von Pilzfasern, einer besonderen Art der Nahrungswahl.

Entwicklung: Wie bei den meisten Kurzflüglern finden sich 3 Larvenstadien, die schließlich zu einer Mumienpuppe führen.

♂ 35–75 mm / ♀ 30–45 mm | Geschützt!

Hirschkäfer, Hornschröter
Lucanus cervus
Familie Schröter

Aussehen: Dieser Käfer ist wegen seiner Gestalt allgemein bekannt und gehört zu unseren größten Arten. Männchen größer als Weibchen, mit mächtigen, geweihartig verlängerten Oberkiefern, die an dem sehr breiten Kopf sitzen, Weibchen mit nur normal großen Kieferzangen (Bild). Die Fühler sind zwischen 1. und 2. Glied gekniet und tragen am Ende eine fächerartige Verdickung. Der Käfer ist schwach glänzend braun bis schwarzbraun gefärbt.
Vorkommen: Im Sommer besonders in Laubwäldern bei alten Bäumen; früher weit verbreitet, heute aber selten. Tagsüber an Stämmen sitzend, nachts schwärmend in schwerfälligem Flug.
Lebensweise: Die Männchen führen mit ihren „Geweihen" Rivalenkämpfe um die Weibchen aus, wobei der Unterlegene oft auf den Rücken gedreht wird. Die Käfer fliegen nachts.
Nahrung: Die Käfer lecken mit ihrer pinselartigen Unterlippe den Saft wunder Baumstämme auf. Die Larven leben von abgestorbenem Holz morscher Wurzelstöcke von Eichen, seltener anderer Laubbäume. Die Entfernung dieser Strünke in Forstkulturen hat vor allem zum Seltenwerden dieser Art geführt.
Entwicklung: Die Larve benötigt 5 oder mehr Jahre, bis sie erwachsen ist. Sie verpuppt sich tief im Boden in einer großen Erdhöhle.

16–25 mm

Gesehen: ....

Gemeiner Mistkäfer, Roßkäfer

Geotrupes stercorarius

Familie Mistkäfer

Aussehen: Großer, gedrungen gebauter, hochgewölbter Käfer, der zu den bekannteren Arten unserer Käferfauna gehört. Der vorgestreckte Kopf ist schaufelförmig gebaut und trägt kurze, am Ende fächerförmig verdickte Fühler. Glattes Halsschild mit schmaler Umrandung, Flügeldecken mit je 7 Punktstreifen. Der ganze Käfer ist schwach glänzend schwarz oder schwarzblau. An den Schienen der kräftigen Beine finden sich Dornreihen.

Vorkommen: Weit verbreitet und früher überall im Flachland häufig, wo Viehdung vorkommt. Der Käfer wird zunehmend seltener.

Lebensweise: Beide Geschlechter graben im Frühjahr einen bis zu halbmeterlangen Gang in den Boden, von dem aus das Weibchen Seitengänge gräbt. Dahin wird Kot gebracht, zu einer Pille geformt und mit einem Ei versehen. Die Brutkammern werden mit Kot verschlossen. Die Brutgänge werden unter Kotballen angefertigt. An stillen Abenden schwärmen die Käfer dicht über dem Boden. Sie erzeugen mit den Hinterhüften zirpende Töne.

Nahrung: Sowohl Käfer als auch Larven ernähren sich vom Kot pflanzenfressender Tiere.

Entwicklung: Die durch Brutfürsorge heranwachsenden Larven sind Engerlinge von Gestalt und brauchen 1 Jahr für ihre Entwicklung, die sich im Boden vollzieht.

12–20 mm

Gesehen: ....

Frühlingsmistkäfer

Geotrupes vernalis
Familie Mistkäfer

Aussehen: Ein Käfer von typischer Mistkäferform, oval und hochgewölbt. Er ähnelt der vorhergehenden Art, ist jedoch metallisch glänzend mit blauen, grünen und schwarzen Farbtönen. Auf den Flügeldecken gibt es nur Andeutungen von Punktstreifen.
Vorkommen: Weit verbreitet und überall bisher recht häufig, jetzt aber stark zurückgehend.
Lebensweise: Für den eigenen Bedarf fertigt der Käfer schräglaufende Gänge in den Boden an, die mit Kot als Nahrungsvorrat gefüllt werden. Zur Brutfürsorge wird unter einem Kothaufen eine trichterförmige Grube gegraben, von deren Spitze horizontale Gänge abzweigen, die als Vorratslager dienen. Von der gleichen Stelle graben sie einen senkrechten Gang einen halben Meter in die Tiefe, an dessen Ende eine Brutkammer angelegt wird, in der sich eine längliche Brutpille aus Dung befindet. Hier werden die Eier abgelegt. Die Brutpille dient den Larven zunächst als Nahrung; später fressen sie auch die übrigen Vorräte, die für die gesamte Entwicklung ausreichen.
Nahrung: Käfer und Larven ernähren sich vom Kot pflanzenfressender Tiere.
Entwicklung: Die engerlingförmigen Larven brauchen etwa 10 Monate für ihre Entwicklung. Die Puppe weist freie Gliedmaßen auf und liegt im Boden.

15–24 mm

Gesehen: ....

Stierkäfer
Typhaeus typhaeus
Familie Mistkäfer

Aussehen: Dieser Käfer weist die typische Mistkäfergestalt auf, erinnert aber durch seine hörnerartigen Fortsätze auf dem Brustschild an manche tropischen Arten. Er ist breit gerundet, hochgewölbt und schwach glänzend schwarz gefärbt. Das Männchen trägt am Brustschild 3 Fortsätze, einen kürzeren mittleren und seitlich davon ein Paar längere.
Das Weibchen besitzt nur mehrere Paare spitzer Höcker auf dem Brustschild. Dieses ist bei beiden Geschlechtern glatt, während die Flügeldecken längslaufende Punktreihen aufweisen. Die kräftigen Beine sind seitlich bedornt.
Vorkommen: Dieser Käfer ist nicht häufig und kommt nur lokal auf sandigen Heideböden und in lichten Kiefernwäldern vor, die von Kaninchen bewohnt werden.
Lebensweise: Der Stierkäfer führt eine besondere Lebensweise: Er gräbt einen gut meterlangen Gang in die Erde, von dem mehrere Nebengänge abzweigen. In diese bringt der Käfer Kot – wobei Kaninchenkot besonders bevorzugt wird. Aus dem Kot wird am Ende der Nebengänge eine Pille geformt. Die Eier werden jedoch nicht an die Pille gelegt, sondern daneben, so daß sich die Larven zur Nahrung vorarbeiten müssen.
Nahrung: Kot von Pflanzenfressern.
Entwicklung: Wie bei Mistkäfern üblich.

20–40 mm | Geschützt! | Gesehen: ....

Nashornkäfer
Oryctes nasicornis
Familie Blatthornkäfer

Aussehen: Dieser sehr große, gedrungen gebaute und hochgewölbte Käfer ist vor allem durch das mächtige Kopfhorn des Männchens ausgezeichnet, das beim Weibchen viel kleiner ist oder fehlt. Die Farbe des Körpers ist glänzend braun bis schwärzlich, das Horn schwarz. Am Halsschild findet sich hinter einer Einsenkung eine Querleiste mit 3 Höckern. Die kurzen Fühler tragen am Ende 3 Fächerlamellen. Auf der Bauchseite ist der Nashornkäfer fein behaart.
Vorkommen: Wärmeliebende Waldart, die sich in Mitteleuropa an Stellen angepaßt hat, an denen verrottende Holzabfälle, Stroh und Kompost gelagert werden. Hier kann der Käfer gelegentlich sogar häufig auftreten.
Lebensweise: Durch seine Bindung an die Entwicklungsstellen der Larve kommt diese Art nur sehr lokal vor. Die Käfer fliegen im Juni und Juli abends in Schwärmen. Das Kopfhorn wird bei Rivalenkämpfen benützt.
Nahrung: Die Larve lebt von verrottenden Holzsubstanzen.
Entwicklung: Die Larve benötigt neben der geeigneten Nahrung Wärme für ihr Wachstum, die sie in verrottenden Pflanzenstoffen findet. Sie ist von engerlingartiger Gestalt und wird bis zu 12 cm lang. Bis zur vollen Größe braucht sie mehrere Jahre und verpuppt sich in einer großen Kammer.

9–12 mm

Gesehen: ....

Pinselkäfer
Trichius fasciatus
Familie Blatthornkäfer

Aussehen: Kleiner Käfer, der mit Ausnahme der Flügeldecken pelzartig hell behaart ist. Flügeldecken gelblich mit sehr veränderlichen schwarzen Flecken, Rand ebenso wie der übrige Körper und die Beine schwarz. Die kurzen Fühler enden in 3 Fächerlamellen.
Vorkommen: Im Juni und Juli tagsüber an Blüten im Bergland, auf Waldwiesen und an Waldrändern.
Lebensweise: Die Käfer fliegen tagsüber bei Sonnenschein und besuchen gerne Distelblüten und die Schirme von Doldenblütlern, auf denen sie sich lange aufhalten und Blütenpollen verzehren. Möglicherweise schützt sie ihre gelb-schwarze, an Wespen erinnernde Zeichnung vor Freßfeinden.
Nahrung: Die Käfer leben von Blütenpollen, vor allem dem der Disteln und Doldenblütler, die sie mit ihren Oberkiefern zerkauen. Die Larven dagegen fressen den Mulm verschiedener Laubbäume, besonders den von Birke, Buche und Erle.
Entwicklung: Wie bei allen Arten, deren Nahrung aus abgestorbenen Holzteilen, die nur wenig Nährstoffe enthalten und auch schwer aufzuschließen sind, besteht, dauert die Entwicklung sehr lange. Die Larve braucht 2 Jahre, bis sie erwachsen ist und sich verpuppen kann.

		14–20 mm	Geschützt!

Gesehen: ....

Rosenkäfer

Cetonia aurata

Familie Blatthornkäfer

Aussehen: Durch seine metallisch grün oder golden glänzende Oberseite und seine Größe ist dieser Käfer leicht zu erkennen. Die Unterseite ist kupferrot, auf den Flügeldecken können variable kleine weiße Flecken und Streifen auftreten. Die Flügeldecken besitzen 2 flache Längsrippen, die Seiten sind etwas eingebogen. Im Gegensatz zu anderen flugfähigen Käfern werden die Deckflügel im Fluge nämlich nicht abgespreizt, sondern geschlossen gehalten und die häutigen Hinterflügel seitlich unter den Deckflügeln durch die Einbuchtung ausgestreckt.

Vorkommen: Weit verbreitet und nicht selten vom Frühjahr bis zum Herbst tagsüber um blühende Sträucher, Gebüsche, an Waldrändern und auch im Garten zu sehen.

Lebensweise: In raschem Flug sucht der Käfer bei Sonnenschein nach geeigneten Blüten, an denen er sich oft lange Zeit aufhält. Durch die im Flug geschlossenen Flügeldecken und seine glänzende Färbung ist er dabei leicht zu erkennen.

Nahrung: Die Käfer fressen Blütenpollen von Heckenrosen, Spierstauden, Holunder, Doldengewächsen und anderen Blütenpflanzen. Die Larve ernährt sich vom Mulm in Laubbäumen, gelegentlich auch in Ameisenhaufen.

Entwicklung: Langsam, wie bei allen Blatthornkäfern.

14–18 mm Gesehen: ....

Junikäfer
Amphimallon solstitiale
Familie Blatthornkäfer

Aussehen: Dem Maikäfer ähnlich, aber kleiner, gleichmäßig hellbraun gefärbt und mit Haaren und Borsten bedeckt. Der Fächer der Fühler ist dreigliedrig. Auf den Flügeldecken gibt es 3 erhabene Längsrippen, die Ränder sind lang bewimpert.
Vorkommen: Die Käfer sind in der Ebene und im Hügelland weit verbreitet und meist häufig. Sie kommen in Gärten, Parks und baumbestandenem Gelände vor und fliegen am Abend im Juni und Juli.
Lebensweise: Die Käfer schwärmen am Abend um Sonnenuntergang und haben eine nur kurze Flugzeit. Sonst halten sie sich in Büschen und Bäumen auf. Aufgrund ihres Aussehens und ihrer Größe werden die Junikäfer oft für „junge Maikäfer" gehalten, da viele Leute nicht wissen, daß ein fertig entwickeltes Insekt nicht mehr wachsen kann.
Nahrung: Die Käfer fressen an den Blättern verschiedener Büsche und Laubbäume, während sich die Larven von Pflanzenwurzeln ernähren.
Entwicklung: Das Weibchen legt etwa 35 Eier in lockeren Boden. Die daraus schlüpfenden Larven, die Engerlinggestalt haben, brauchen eine zweimalige Überwinterung, bis sie erwachsen sind. Danach verpuppen sie sich im Frühjahr im Boden, und der Käfer schlüpft nach einigen Monaten.

20–30 mm

Gesehen: ....

Gemeiner Maikäfer

Melolontha melolontha
Familie Blatthornkäfer

Aussehen: Der wohlbekannte große Käfer ist auf Kopf, Halsschild und Schildchen schwarz gefärbt, sonst meist rotbraun. Die Fühlerfächer tragen beim Männchen 7 längere, beim Weibchen 6 kürzere Lamellen. Auf den Deckflügeln gibt es je 4 glänzende Längsrippen, die fein punktiert sind. Das Hinterleibsende wird von den Deckflügeln nicht bedeckt und endet in einer stumpfen Spitze.

Vorkommen: Die Käfer schwärmen im Frühjahr in der Abenddämmerung in Laubwäldern und an Waldrändern, waren früher oft sehr häufig, sind aber jetzt recht selten. Man findet sie hauptsächlich in der Ebene.

Lebensweise: Nach dem Schlüpfen aus dem Boden schwärmen die Käfer meist in Scharen am Abend um Laubbäume, wo sie sich vom Laub ernähren und paaren (Bild). Danach fliegen die Weibchen auf freies Gelände und legen ihre Eier in den Boden. Der Vorgang kann sich wiederholen.

Nahrung: Die Käfer fressen Blätter von Laubbäumen, besonders von Eichen und Buchen, aber auch von Obstbäumen. Früher wurden oft ganze Wälder von den außerordentlich zahlreichen Käfern entlaubt. Die Larven verzehren Wurzeln verschiedener krautiger Pflanzen, z.B. Löwenzahn. Auch sie haben bei zahlreichem Auftreten erhebliche Schäden verursacht und wurden deshalb intensiv bekämpft.

Entwicklung: Die Larven (Bild) nennt man Engerlinge. Sie leben im Boden und überwintern zweimal, bevor sie sich verpuppen. Aus der Puppe, die ebenfalls im Boden liegt (Bild), schlüpfen im Herbst die Käfer, bleiben aber in der Puppenwiege, bis sie im folgenden Frühjahr aus dem Boden kriechen.

8,5–11 mm

Gesehen: ....

Gartenlaubkäfer
Phylloperta horticola
Familie Blatthornkäfer

Aussehen: Diese Art ist ebenfalls dem Maikäfer ähnlich, aber kleiner. Kopf, Halsschild, Hinterleib und Beine sind glänzend metallisch grün bis schwarz gefärbt, die Flügeldecken dagegen meist hellbraun, manchmal auch dunkler. Die kurzen Fühler am Kopf enden in einem kleinen dreigliedrigen Fächer. Kopf und Halsschild sind dicht punktiert, die Flügeldecken mit je 6 längslaufenden Punktstreifen. Die Seiten der Flügeldecken und der Körper sind dicht behaart.
Vorkommen: Weit verbreitet und oft häufig in offenem Gelände, Obstgärten, Hecken und an Waldrändern im Mai und Juni; von der Ebene bis in die Gebirge.

Lebensweise: Die Käfer sind am Tage und abends aktiv und fliegen rege umher. Sie suchen sowohl ihre Partner als auch Nahrung.
Nahrung: Die Käfer verzehren die Blätter von Eichen, Haseln und Birken, bevorzugen aber die Blüten von Kirschen und Rosen, die sie dabei zerstören. Durch häufiges Auftreten können sie deshalb größere Schäden verursachen. (Heute trifft das jedoch kaum noch zu.) Die Larven leben an den Wurzeln von Gräsern und krautigen Pflanzen, verursachen aber keine Schäden, da sie sehr klein sind.
Entwicklung: Die im Boden lebenden Engerlinge benötigen 2–3 Jahre bis zur Verpuppung.

5–8 mm

Gesehen: ....

Gemeiner Dungkäfer

Aphodius fimetarius

Familie Blatthornkäfer

Aussehen: Der kleine Käfer ist längsoval und gewölbt, glatt und kahl. Kopf, Halsschild und Beine sind schwarz, die Flügeldecken rot. Am Vorderrand des Halsschilds können an den Ecken rote Flecken auftreten, daneben eine gröbere und eine feinere Punktierung. Die Flügeldecken tragen stärkere Punktreihen. Es gibt eine Anzahl recht ähnlicher Arten, die teilweise schwer zu unterscheiden sind; der Gemeine Dungkäfer ist jedoch der häufigste.

Vorkommen: Den Käfer findet man vom zeitigen Frühjahr bis zum Herbst fliegend oder auf seiner Nahrung; von der Ebene bis in die Gebirge, vor allem in offenem Gelände.

Lebensweise: Wie alle Kotfresser ist dieser Käfer an das Vorkommen von Dung gebunden und stets auf der Suche nach solchem, den er fliegend aufsucht.

Nahrung: Käfer und Larven leben vom Kot der Rinder und Pferde, aber auch von Aas.

Entwicklung: Da sowohl Käfer als auch Ei, Larve und Puppe überwintern können, findet man die Art fast über das ganze Jahr hin. Die Brutfürsorge ist bei dieser Art – im Gegensatz zu anderen Dungfressern – nicht sehr ausgeprägt. Für die Brut werden keine Gänge gegraben, sondern die Eier direkt in die Nahrung abgelegt, in der sich dann die engerlingsartigen Larven entwickeln.

5–7,5 mm | Geschützt! | Gesehen: ....

Glänzender Blütenprachtkäfer
Anthaxia nitidula
Familie Prachtkäfer

Aussehen: Der kleine Käfer ist gestreckt, mit parallelen Seiten der Flügeldecken und konisch zulaufendem Hinterende. Die Geschlechter sind verschieden gefärbt. Das Weibchen ist auf Kopf und Halsschild goldgrün bis messingfarben, die Flügeldecken sind blaugrün glänzend; das Männchen ist ganz grün. Fühler und Beine sind bei beiden grün. Die Fühler sind schwach gesägt. Die glänzende Farbe dieser Tiere entsteht nicht durch Farbpigmente, sondern durch Feinstrukturen in der Körperdecke und wird deshalb auch Strukturfarbe genannt. Besonders prachtvolle Arten gibt es in den Tropen.
Vorkommen: In wärmeren Gebieten in der Ebene und im Hügelland, nach Norden zu selten oder fehlend. Man findet die Käfer in Wald- und Buschland von Juni bis August.
Lebensweise: Die Käfer sind im prallen Sonnenschein aktiv und suchen fliegend nach ihrer Nahrung, vor allem den Blüten wilder Rosen. Dort kann man sie oft in großer Anzahl finden.
Nahrung: Die Käfer ernähren sich hauptsächlich an den Blüten von Wildrosen. Die Larven dagegen leben unter der Rinde im absterbenden Holz von Obstbäumen und Schlehen.
Entwicklung: Die beinlosen Larven brauchen oft mehrere Jahre, bis sie erwachsen sind.

15–18 mm

Gesehen: ....

Rindenschnellkäfer

Ctenicera pectinicornis

Familie Schnellkäfer

Aussehen: Schmale, gestreckte Tiere mit parallelen Seiten, zum Körperende hin in eine gerundete Spitze auslaufend. Das ziemlich lange Halsschild trägt hinten zwei seitliche Fortsätze. Die Fühler sind lang, beim Männchen mit langen, kammförmigen Fortsätzen, beim Weibchen gesägt. Glänzend metallisch grün gefärbt, Beine und Fühler schwarz, Halsschild an den Seiten und Flügeldecken fein behaart, letztere mit dicht punktierten Streifen.

Vorkommen: Von Mai bis Juli auf feuchten Wiesen und Gebüschen, im Wald oder in Waldnähe an Blüten von Gräsern und Büschen.

Lebensweise: Wie alle Schnellkäfer hat auch der Rindenschnellkäfer auf der Bauchseite am Bruststück einen Zahn, der in eine Kerbe am Vorderrand der Mittelbrust eingedrückt werden kann. Wenn der Käfer unglücklicherweise auf den Rücken zu liegen kommt, wird er durch das „Einschnappen“ in die Luft geschnellt (Name!) und kann sich in die richtige Lage drehen.

Nahrung: Der Käfer frißt an Blüten von Gräsern und Büschen. Die Larve ernährt sich von Pflanzenwurzeln.

Entwicklung: Die langen und dünnen Larven werden Drahtwürmer genannt. Sie leben im Boden von Pflanzen, verpuppen sich dort, und der junge Käfer überwintert.

 10–16 mm

Gesehen: ....

Glanzspringkäfer
Selatosomus aeneus
Familie Schnellkäfer

Aussehen: Dieser flache Käfer ist etwas breiter gebaut als die anderen Schnellkäfer. Er glänzt in allen Metallfarben von Grün über Blau und Violett bis Schwarz. Fühler und Beine sind bräunlich oder schwarz. Das feinpunktierte Halsschild weist lange Spitzen an den hinteren Ecken auf, die Flügeldecken vertiefte Punktreihen. Die Fühler sind nur ganz fein gesägt.
Vorkommen: Der Glanzspringkäfer ist in offenem Gelände weit verbreitet und häufig von der Ebene bis in die Alpen. Man findet ihn am Boden, unter Steinen und Rinde und in niedriger Vegetation auf Blüten und Gräsern, von März bis Oktober.

Lebensweise: Die Käfer sind meist am Abend aktiv, fliegen nicht gut und meist nur kurze Strecken. Häufig laufen sie am Boden umher oder verbergen sich am Tage unter Steinen oder Rinde. Die Larven leben im Boden.
Nahrung: Die Käfer fressen Pflanzenteile, darunter auch Teile von Blüten, die sie gerne besuchen. Die Larven bevorzugen Wurzeln, jagen aber auch nach Beute wie kleinen Insekten und Würmern.
Entwicklung: Die dünnen – als Drahtwürmer bezeichneten Larven – überwintern. Die Entwicklung dauert 2 Jahre, da auch die frisch geschlüpften Käfer überwintern.

Mausgrauer Schnellkäfer
Adelocera murina
Familie Schnellkäfer

Aussehen: Der Käfer ist längsoval und durch die dichte Beschuppung, die die Oberfläche bedeckt, nicht zu verwechseln. Die weißen und rotbraunen Schuppen bilden eine unscharfe Zeichnung, vor allem auf den Flügeldecken, und lassen die Körperfarbe nicht durchscheinen. Das Halsschild ist breiter als lang und dicht punktiert, die Flügeldecken mit feinen Punktreihen in den Streifen. Die bräunlichen Fühler sind fein gesägt, die Beine braun.
Vorkommen: Man findet diese Schnellkäfer-Art im Frühjahr und Sommer, von der Ebene bis ins Bergland fast überall; häufig am Boden und in der Vegetation auf Feldern, bei Gebüschen und in Wäldern. Man kann den Käfer tagsüber auch fliegend sehen.
Lebensweise: Die Käfer verbergen sich gerne unter Steinen, besuchen als Pflanzenfresser aber auch Blüten und andere Pflanzenteile. Die Larven leben im Boden.
Nahrung: Die Käfer leben von Pflanzenteilen wie Eichenblättern und Blütenteilen. Die Larven leben von Pflanzenwurzeln und können gelegentlich größere Schäden anrichten.
Entwicklung: Die Larve – der sogenannte Drahtwurm – lebt im Boden, wo sie sich auch verpuppt. Sie ist lang und dünn mit rundem Körperquerschnitt; ihre Körperdecke ist hart und glänzend braun. Der Käfer überwintert.

9–15 mm Gesehen: ....

Rotbauchiger Laubschnellkäfer
Athous haemorrhoidalis
Familie Schnellkäfer

Aussehen: Der schmale Käfer ist dunkelbraun oder schwarz, die Flügeldecken sind heller braun gefärbt. Die Unterseite des Hinterleibs ist ganz oder nur am Ende rostbraun (Name!). Die Oberseite von Kopf, Halsschild und Flügeldecken ist anliegend silbrig grau behaart. Letztere mit Längsrinnen und feiner Punktierung. Die Fühler sind fein gesägt.
Vorkommen: Weit verbreitet und sehr häufig in offenem Gelände auf Feldern und Wiesen, in Gebüschen und Wäldern vor allem auf Laubbäumen. Der Käfer kommt auch in Gärten vor. Man findet ihn im Frühjahr und Sommer.
Lebensweise: Sein Verhalten ist das der typischen Schnellkäfer: Bei Gefahr stellen sie sich tot, und wenn sie auf dem Rücken liegen, betätigen sie den Schnellmechanismus, der sie in die Luft wirbelt und auf den Beinen landen läßt. Der Käfer ist auch am Tage zu finden und fliegt schwerfällig.
Nahrung: Die Käfer ernähren sich von Pflanzenteilen an Büschen und Bäumen. Die Larven leben im Boden von Wurzeln und können bei reichlichem Vorkommen schädlich werden.
Entwicklung: Die Eier werden vom Weibchen am Boden an Pflanzenwurzeln gelegt. Die Larven, Drahtwürmer, brauchen oft mehrere Jahre zur Entwicklung, verpuppen sich im Boden, und der fertige Käfer überwintert.

12–17 mm

Gesehen: ....

Blutroter Schnellkäfer
Ampedus sanguineus
Familie Schnellkäfer

Aussehen: Von typischer Schnellkäfergestalt. Schwarz gefärbt bis auf die Flügeldecken, die sich durch ihre rote Farbe hervorheben. Die Oberseite ist größtenteils behaart, meist schwarz, seltener gelblich. Das Halsschild und die Längsfurchen auf den Flügeldecken sind deutlich punktiert. Die Fühler weisen eine deutliche Zähnung auf. Es gibt mehrere ähnliche Arten, die nicht ganz leicht zu unterscheiden sind.
Vorkommen: Diese Waldart ist vor allem in Bergwäldern verbreitet und häufig und kann im Sommer bei Kiefern und Eichen, aber auch an Doldenblüten beobachtet werden, an denen die Käfer tagsüber auf Nahrungssuche sind.

Lebensweise: Sie unterscheidet sich nicht wesentlich von der anderer Schnellkäferarten. Bei Gefahr stellen sie sich tot und benützen auch ihren Schnellmechanismus.
Nahrung: Die Käfer besuchen Blüten von doldenblütigen Pflanzen, aber auch andere, und fressen dort Blütenteile. Die Larven ernähren sich zunächst vom Mulm alten Holzes und jagen dann später nach Insektenlarven, vor allem denen der Bockkäfer.
Entwicklung: Die im Mulm verborgenen Larven zeigen die typische Drahtwurmgestalt und brauchen oft mehrere Jahre bis zur Verpuppung. Der fertige Käfer überwintert.

♂ 10–12 mm / ♀ 15–20 mm Gesehen: ....

Großer Leuchtkäfer
Lampyris noctiluca
Familie Leuchtkäfer

Aussehen: Männchen klein, flach und braun gefärbt, mit gelben Halsschildrändern; Flügeldecken langgestreckt; Kopf unter dem gerundeten Halsschild verborgen, mit kurzen fadenförmigen Fühlern; auf den Flügeldecken verlaufen schwache, schütter behaarte Längsrippen, Weibchen länger und ohne Flügeldecken, so daß die Hinterleibsringe voll sichtbar sind. Kopfregion mit gerundetem Halsschild und darunter verborgenem Kopf. Das Weibchen weist auf dem 6. und 7. Hinterleibsring Leutfelder und auf dem 8. leuchtende Flecken auf, während das Männchen nur auf dem 7. Leuchtflecke besitzt.
Vorkommen: Weit verbreitet an feuchteren Waldrändern und auf Wiesen, auch im Alpenvorland, nicht allzu häufig im Sommer.
Lebensweise: Die Käfer nehmen keine Nahrung auf und sind am Abend und nachts aktiv. Die sitzenden Weibchen locken die Männchen, die schwach leuchtend umherfliegen, mit ihren Leuchtorganen an. In diesen wird kaltes Licht erzeugt, das beliebig ein- und ausgeschaltet werden kann.
Nahrung: Die Larven kriechen am Boden herum und jagen nach Schnecken. Sie können auch leuchten.
Entwicklung: Nach 5 Häutungen überwintert die Larve und verpuppt sich im folgenden Frühjahr.

5–10 mm

Gesehen: ....

Rotdeckenkäfer
Platycis minutus
Familie Rotdeckenkäfer

Aussehen: Die flachen, länglichen Käfer sind vor allem durch die leuchtend rote Farbe ihrer Flügeldecken gekennzeichnet. Diese weisen gerade Seiten auf und sind nach hinten etwas verbreitert. Ihre Oberfläche ist mit feinen, unregelmäßigen Netzstrukturen bedeckt. Der Kopf, die kräftigen, gezähnten Fühler, das Halsschild und die Beine sind schwarz gefärbt. Es gibt mehrere recht ähnliche Arten.
Vorkommen: Diese weit verbreitete und recht häufige Art lebt im Sommer und Herbst im Wald und an Waldrändern und kann bei Tage im Sonnenschein an Blüten und Pflanzen beobachtet werden.
Lebensweise: Die am Tag aktiven Käfer besuchen gerne Blüten, vor allem Doldenblüten, auf denen sie eifrig auf Beutejagd gehen. Man findet sie aber auch in der Vegetation und an Baumstrünken, in denen die Larven leben.
Nahrung: Auf ihren Jagdzügen fangen sie mit Vorliebe andere blütenbesuchende Insekten, die sie mit ihren kräftigen Kiefern zerbeißen. Auch die Larven leben räuberisch von anderen kleinen Tieren, Insekten und deren Larven, Würmern und dergleichen.
Entwicklung: Die Larven leben in morschem Holz, besonders in Baumstrünken und unter Rinde, wo sie sich auch verpuppen. Sie überwintern und ergeben den Käfer im nächsten Jahr.

11–15 mm   Gesehen: ....

Gemeiner Weichkäfer

Cantharis fusca

Familie Weichkäfer

Aussehen: Die kleinen Käfer sind länglich und flach gebaut, ihr Körper einschließlich der Flügeldekken ist sehr weich. Diese Art ist an der Fühlerbasis, Teilen des Kopfs und des Halsschilds rötlich gefärbt, während die übrigen Teile des Körpers schwarz sind. Die langen Fühler sind fadenförmig. Die Beine ebenfalls lang.

Vorkommen: Die Art ist weit verbreitet und sehr häufig an Waldrändern, Hecken, auf Feldern und Wiesen. Man findet die Käfer bei Tage an verschiedenen Blüten von Wiesenblumen, an Getreide und Blättern. Sie erscheinen im Mai und Juni.

Lebensweise: Die Käfer jagen am Tag nach Beute, die sie auf Blüten und in der Vegetation aufspüren. Sie fliegen aber auch auf der Suche nach neuen Nahrungsquellen.

Nahrung: Die Käfer leben räuberisch von kleinen Insekten. Man hat aber auch beobachtet, daß sie ganz junge Triebe von Bäumen und Büschen annagen. Die Larven leben ebenfalls räuberisch und ernähren sich von Schnekken, kleinen Insekten und deren Larven, denen sie am Boden nachstellen.

Entwicklung: Die samtig schwarz behaarten Larven leben am Boden und entwickeln sich über unterschiedlich aussehende Formen. Sie überwintern und können sogar auf dem Schnee herumkriechen.

7–10 mm Gesehen: ....

Rotgelber Weichkäfer
Rhagonycha fulva
Familie Weichkäfer

Aussehen: Von typischer Weichkäfergestalt, ist dieser Käfer fast ganz rotgelb gefärbt. Nur die Flügeldecken sind am Ende schwärzlich wie auch die Fühler und Beinenden. Auch bei dieser Art ist die Körperdecke weich und biegsam. Es gibt eine Anzahl sehr ähnlicher Arten, die nicht leicht zu unterscheiden sind; die beschriebene ist aber weitaus die häufigste.
Vorkommen: Die Art ist weit verbreitet von der Ebene bis in Berggegenden und findet sich am Tage besonders auf Blüten und in der Vegetation in offenem Gelände und bei Gebüschen, auch in Gärten. Dieser Käfer tritt im Hochsommer auf und ist zu dieser Zeit die häufigste Käferart überhaupt.

Lebensweise: Als eifrige Blütenbesucher findet man diese Käfer oft in größerer Zahl an Doldenblüten, nicht selten paarweise, da die Paarung sehr lange dauert. Sie fliegen auch gerne auf der Suche nach neuen Nahrungsquellen.
Nahrung: Der Käfer ist ein Räuber, der andere kleine Insekten fängt, die ebenfalls Blüten besuchen. Ebenso räuberisch lebt die Larve, die am Boden ihre Beute aufspürt.
Entwicklung: Sie verläuft über unterschiedlich gebaute Larvenformen, die am Boden leben und unter Steinen, Rinde oder Laub überwintern. Die Larven verpuppen sich erst im darauffolgenden Jahr.

1,7–3,5 mm

Gesehen: ....

Wollkrautblütenkäfer

Anthrenus verbasci

Familie Speckkäfer

Aussehen: Kleiner rundlicher Käfer, der eine Zeichnung aus verschiedenfarbigen Schuppen auf Halsschild und Flügeldecken aufweist. Diese besteht aus hellgrauen, gelbbraunen und schwarzen, unregelmäßig verlaufenden Querbändern. Die kurzen Fühler tragen am Ende eine keulenförmige Verdickung und können in Gruben an den Seiten des Halsschilds eingelegt werden.

Vorkommen: Diese Käferart ist fast weltweit verbreitet und tritt gelegentlich als gefährlicher Schädling auf. Im Freien lebt der Käfer im Sommer an Blüten, bevor er Häuser aufsucht. Dort kann er auch im Winter vorkommen.

Lebensweise: Die Käfer sind Blütenbesucher, dringen aber in Gebäude ein, um an geeigneter Larvennahrung Eier abzulegen. Sie können auch in Vogelnestern vorkommen. In ständig warmen Räumen können die Käfer das ganze Jahr über auch ohne Blütennahrung leben. Meist sind sie sehr verborgen und auch sehr unauffällig, so daß man sie leichter durch die Larven und ihre Schadwirkungen erkennen kann.

Nahrung: Der Käfer frißt Blütenpollen, die Larven leben an tierischen Substanzen wie Wolle und Chitin.

Entwicklung: Verpuppt sich in der letzten Larvenhaut und kann je nach Temperatur mehrmals im Jahr auftreten.

7–9,5 mm

Gesehen: ....

Gemeiner Speckkäfer
Dermestes lardarius
Familie Speckkäfer

Aussehen: Kleiner, länglich ovaler Käfer, der am ganzen Körper fein behaart ist. Die Färbung ist schwarz bis auf ein breites Querband im vorderen Teil der Flügeldecken, das gelbgrau gefärbt ist und 3 schwarze Flecke auf jeder Seite trägt. Die kurzen Fühler enden in eine dreigliedrige Keule. Die Beine sind sehr kurz.
Vorkommen: Dieser Käfer ist als Kulturfolger weltweit verbreitet und findet sich in der Regel immer in der Nähe des Menschen, besonders in Wohnungen und Lagerräumen. Je nach Wärmegrad der Räume kommt er in einer oder in rasch aufeinanderfolgenden Generationen ohne Unterbrechung vor.

Lebensweise: Durch seine Nahrungswahl ist er stets auf der Suche nach geeignetem Futter, führt aber eine sehr versteckte Lebensweise und ist eher durch seine Schadwirkungen feststellbar.
Nahrung: Käfer und Larven leben an tierischen Stoffen, Wolle, Teppichen, Textilien und zoologischen Sammlungen, im Freien in Bienenstöcken und Vogelnestern. Die Larven können erhebliche Schäden anrichten.
Entwicklung: Die langen, schmalen Larven, die länger als der Käfer sind, häuten sich mehr als fünfmal. Sie sind dicht büschelig behaart und verpuppen sich in der letzten Larvenhaut, meist in die Unterlage eingebohrt.

 2–4 mm

Gesehen: ....

Brotkäfer
Stegobium paniceum
Familie Pochkäfer

Aussehen: Sehr kleiner, längsovaler Käfer von rotbrauner bis rotgelber Färbung. Die Oberseite ist mit längeren und kürzeren Haaren bedeckt. Der unter dem Halsschild verborgene Kopf trägt mäßig lange, fadenförmige Fühler, deren Endglieder deutlich länger sind. Die Flügeldecken sind durch längslaufende Pünktchenreihen ausgezeichnet.
Vorkommen: Diese Art ist als Vorratsschädling weltweit verbreitet und findet sich meist in der Umgebung des Menschen, in warmen Räumen oft das ganze Jahr über, und kann erhebliche Schäden verursachen. Er kommt auch in Apotheken und wissenschaftlichen Sammlungen vor.
Lebensweise: Als Vorratsschädling lebt er sehr verborgen und ist wegen seiner Kleinheit auch nur schwer zu beobachten. Am besten erkennt man ihn an den Schäden, die vor allem seine Larven verursachen.
Nahrung: Käfer und Larven leben von Vorräten verschiedenster Art. Backwaren sind nur ein Teil der Nahrung; dazu gehören auch getrocknete Pflanzenteile, Drogen und Gewürze, aber auch trokkene tierische Produkte. Man bekämpft ihn am besten, wenn man die befallenen Waren vernichtet.
Entwicklung: Die Larven verpuppen sich in der Nahrung und können mehrere Generationen ergeben.

Kräuterdieb
Ptinus fur
Familie Diebskäfer

Aussehen: Das Männchen ist gestreckt, hellbraun mit Gruppen von hellen Schuppen auf den Flügeldecken, die außerdem längslaufende Punktreihen aufweisen und nach hinten gerichtete Haare. Das Weibchen ist mehr gerundet und hat dunklere Flügeldecken mit hellen Schuppen und längslaufenden Haarreihen. Beide haben lange, fadenförmige Fühler und lange Beine.
Vorkommen: Ein Kulturfolger der gemäßigten Zone der Alten Welt. Die Käfer sind vor allem nachts aktiv und leben in Häusern, im Freien auch in Vogelnestern und alten Bäumen. Sie können manchmal häufiger auftreten und lästig werden.
Lebensweise: Da sie hauptsächlich in der Dunkelheit aktiv sind, sieht man sie nicht oft. Meist erkennt man ihre Anwesenheit durch die Larven, die manchmal Schäden erzeugen können. Das geschieht jedoch nicht oft.
Nahrung: Sowohl Käfer als auch Larven ernähren sich von trockenen pflanzlichen und tierischen Stoffen. So befallen sie manchmal Kräutervorräte in Apotheken, aber auch in Wohnungen. In Getreidelagern kann die Art auch schädlich werden.
Entwicklung: Die Larve überwintert bei dieser Art und verpuppt sich im folgenden Jahr in einem Kokon, der in härtere Gegenstände eingebohrt wird.

9–16 mm

Gesehen: ....

Immenkäfer, Bienenwolf

Trichodes apiarius

Familie Buntkäfer

Aussehen: Dieser Käfer ist gestreckt, länglich, mit geraden Seiten der Flügeldecken, die nach hinten etwas verbreitert sind. Die bunte Färbung besteht vor allem aus roten Flügeldecken, die zwei wellige schwarzviolette Querbinden und Flecken aufweisen. Kopf, Halsschild und Beine sind blauschwarz glänzend, die Fühler rötlich und mit einer schwarzen, keulig verdickten Spitze, ziemlich kurz. Der Körper und die Beine sind dicht behaart.

Vorkommen: Diese Art ist weit verbreitet, kommt im Mai und Juni aber nur in wärmeren Gegenden von der Ebene bis in die Gebirge vor. Man kann sie am Tage beobachten.

Lebensweise: Die Käfer besuchen gerne Blüten, vor allem die von schirmblütigen Pflanzen, auf denen sie Nahrung suchen. Sie laufen dabei sehr behende umher, können aber auch ganz plötzlich zu einem schnellen Flug starten.

Nahrung: Die Käfer jagen kleine Insekten, die ebenfalls Blüten besuchen. Sie nehmen aber auch Blütenpollen zu sich. Die Larven leben ausschließlich räuberisch in den Nestern von Hautflüglern, besonders von Honig- und Wildbienen, wo sie Larven, Puppen und alte Exemplare verzehren.

Entwicklung: Es ist noch nicht geklärt, ob die Larven den Bienen gefährlich werden können oder nur die Nester reinigen.

5,5–6 mm

Gesehen: ....

Zweifleckiger Warzenkäfer
Malachius bipustulatus
Familie Zierkäfer

Aussehen: Dieser kleine Käfer ist sehr bunt gefärbt, länglich und mit geraden und parallelen Seiten der Flügeldecken. Die Färbung ist sehr variabel, metallisch glänzend grün und mit roten Flecken am Kopf, den ersten Fühlergliedern, am Vorderrand des Halsschilds und am Ende der Flügeldecken. Auch die Beine tragen ringförmige, rote Zeichnungen. Die langen, kräftigen Fühler tragen beim Männchen an der Basis rote, seitliche Fortsätze. Es gibt einige sehr ähnliche Arten, die nur durch genauere Untersuchungen zu unterscheiden sind.
Vorkommen: Weit verbreitet und oft häufig auf Wiesen der Niederungen und Alpentäler. Die Käfer erscheinen im Sommer und finden sich an blühenden Gräsern und anderen Blüten.
Lebensweise: Da die Käfer am Tage bei Sonnenschein aktiv sind, kann man sie leicht beobachten. Die Männchen locken mit besonderen Drüsenorganen, die Sekrete abscheiden, die Weibchen an. Diese lecken die Sekrete auf und werden dadurch paarungsbereit.
Nahrung: Als Blütenbesucher sind die Käfer Pollenfresser, vor allem an Gräsern, während die Larven am Boden unter Baumrinde und in Holzmulm nach kleinen Insekten jagen, aber auch Reste von Insekten nicht verabscheuen.
Entwicklung: Sie dauert meist 2 Jahre, bevor der Käfer schlüpft.

6–18 mm

Gesehen: ....

Bohrkäfer
Hylecoetus dermestoides
Familie Werftkäfer

Aussehen: Langgestreckter, zylindrisch gebauter Käfer mit weicher Körperdecke, die überall behaart ist. Der Kopf ist gut sichtbar und fast so breit wie das Halsschild. Die kurzen Fühler sind gesägt. Männchen meist schwarz, Weibchen gelbbraun, Kopf und Halsschild aber orange. Die Färbung kann auch variieren.
Vorkommen: Weit verbreitet und nicht selten von der Ebene bis in die Gebirge überwiegend in Laub-, seltener in Nadelwäldern. Man findet die Käfer im Mai und Juni, sie laufen gerne auf geschlagenem Holz umher.
Lebensweise: Durch die besondere Form der Larvennahrung sind die Käfer an absterbendes Holz gebunden, an dem das Weibchen seine Eier ablegt, die mit Pilzsporen versehen werden. Dieser Vorgang ist eine besondere Art der Brutfürsorge.
Nahrung: Die Larven leben von Ambrosiapilzen, die sie als Sporen von der Mutter mitbekommen haben. Dazu nagen sie von der Rinde Gänge in das Holz, in denen sich die Pilze entwickeln. Die abgenagten Holzspäne werden dagegen ins Freie geschafft und häufen sich unter den Bohrlöchern am Boden.
Entwicklung: Sie verläuft vorwiegend in kranken Buchen und Eichen und ihren Stümpfen. Die Larve überwintert und verpuppt sich im folgenden Jahr.

1,5–2,7 mm

Gesehen: ....

Rapsglanzkäfer
Meligethes aeneus
Familie Glanzkäfer

Aussehen: Sehr kleiner Käfer mit ovalem Körperumriß und schwacher Wölbung. Die variable Färbung ist metallisch grün, blau oder violett, es gibt aber auch Exemplare mit schwarzem Halsschild. Die Beine und Fühler sind braun gefärbt. Letztere sind kurz und tragen am Ende eine 3gliedrige Keule. Der ganze Käfer ist fein behaart, dicht punktiert.
Vorkommen: Dieser Käfer ist weit verbreitet und meist häufig in Offenland und Gebüschen im Frühjahr und dann wieder im Sommer in Blüten, wo man sie am Tage beobachten kann.
Lebensweise: Der Käfer überwintert und ist als eifriger Blütenbesucher stets in der Nähe von Blüten zu finden. Er fliegt gut und kann auch Töne erzeugen.
Nahrung: Die überwinterten Käfer leben von Blütenpollen wildwachsender Pflanzen wie Huflattich und Dotterblumen, später aber von Knospen und Blüten des Raps, von denen sie nicht nur Pollen, sondern auch Stempel und Fruchtknoten fressen und bei starkem Befall schädlich werden. Die Larven dagegen ernähren sich nur von Pollen und sind unschädlich.
Entwicklung: Die Larven sind im Frühsommer erwachsen und verpuppen sich im Boden. Die Käfer schlüpfen noch im gleichen Jahr, fressen einige Wochen und überwintern dann.

Getreideplattkäfer

Oryzaephilus surinamensis

Familie Plattkäfer

Aussehen: Sehr kleiner, brauner Käfer mit 3 Längsrippen am Halsschild, das an den Seiten 6 Zähne trägt. Die langgestreckten Flügeldecken sind hinten abgerundet und tragen erhabene Rippen mit dazwischenliegenden Punktreihen. Die Fühler sind mittellang mit perlschnurartigen Gliedern und einer 3gliedrigen Keule am Ende. Der ganze Käfer ist fein und anliegend behaart.

Vorkommen: Weltweit verbreitete Käferart, die vor allem in Vorräten vorkommt und deshalb hauptsächlich in Lagerhäusern und menschlichen Behausungen zu finden ist. Im Freien kommt er seltener vor, gehört heute aber zur heimischen Fauna.

Lebensweise: Durch seine Ernährung ist dieser Käfer nur an bestimmten Orten zu finden, an denen er verborgen lebt und eher durch seine Wirkung als Kulturfolger zu erkennen ist.

Nahrung: Der Käfer bewohnt Vorräte von Getreide, Mehl, Nüssen und dergleichen, jagt aber hauptsächlich Larven anderer Schädlinge, die in diesem Substrat leben. Selten frißt er Getreidekörner. Im Freien lebt er in Kompost und faulendem Heu.

Entwicklung: Wie alle Kulturfolger ist er in seiner Entwicklung von der Temperatur abhängig und bringt deshalb eine unterschiedliche Zahl von Generationen im Jahr.

5–6,5 mm

Gesehen: ....

Russischer Faulholzkäfer
Triplax russica
Familie Pilzkäfer

Aussehen: Die Käfer sind klein und längsoval und schwach gewölbt. Sie sind glänzend glatt und tragen Punkte und Punktreihen auf Halsschild und Flügeldecken. Kopf, Halsschild und Beine sind gelbrot, die Flügeldecken aber schwarz und die Fühler dunkelbraun. Die relativ langen Fühler tragen am Ende eine 3gliedrige Keule.
Vorkommen: Diese Art ist weit verbreitet und häufig von der Ebene bis in die Gebirge in Laubwäldern an Baumschwämmen.
Lebensweise: Der Käfer ist stark an das Vorkommen seiner Nahrung gebunden und nur an oder in dieser zu finden, wie in Schwämmen an Buchen, Birken, Ahorn und Obstbäumen, aber auch unter schimmelnder Rinde.
Nahrung: Sowohl Käfer als auch Larven fressen an oder in Pilzen, vor allem in den sogenannten Baumschwämmen, aber auch an Schimmelpilzen unter faulender Rinde. Sie sind damit ausgesprochene Nahrungsspezialisten. Im Haushalt der Natur spielen sie beim Abbau dieser Pflanzen eine nicht unerhebliche Rolle, zumal sie oft in größerer Zahl auftreten können.
Entwicklung: Die Larven kommen oft in großer Zahl in ihren Nahrungssubstraten vor und können große Baumschwämme ganz durchlöchern. Erwachsen verpuppen sie sich im Boden.

3,5–5,5 mm

Gesehen: ....

Zweipunkt
Adalia bipunctata
Familie Marienkäfer

Aussehen: Der Käfer ist breit gerundet und hochgewölbt. Die Färbung weist 2 Varianten auf: Bei der einen Form sind die Flügeldecken ziegelrot und tragen 2 schwarze runde Flecken, und das Halsschild ist gelb mit schwarzem Mittelfleck. Bei der anderen Form sind Halsschild und Flügeldecken schwarz, mit 2–3 roten Flecken auf den Flügeldecken. Die Beine sind meist dunkel. Die kurzen Fühler haben am Ende eine nur schwache Verdickung.
Vorkommen: Diese Art ist bei uns häufig und überall verbreitet, in Gärten, Gebüschen und im Wald. Oft findet sich der Käfer im Herbst in menschlichen Wohnungen ein, um dort zu überwintern. In manchen Jahren tritt der Käfer in 2 Generationen auf und ist deshalb fast das ganze Jahr über zu finden.
Lebensweise: Als Blattlausvertilger läuft der Käfer eifrig in der Vegetation umher, kann aber auch gut fliegen und ist am Tage aktiv.
Nahrung: Käfer und Larven jagen vor allem nach Blattläusen und sind deshalb äußerst nützlich und schützenswert!
Entwicklung: Nach der Überwinterung legt das Weibchen seine Eier in der Vegetation ab, in der die Larven dann Blattläuse aufsuchen. Sie verpuppen sich an den Pflanzen; die Käfer schlüpfen noch im gleichen Jahr.

5–7 mm

Gesehen: ....

Sechzehnfleckiger Marienkäfer
Halyzia sedecimguttata
Familie Marienkäfer

Aussehen: Der kleine, breitovale Käfer ist hochgewölbt und glänzend gelbbraun gefärbt. Das abgebildete Exemplar ist frisch geschlüpft und die Färbung noch nicht vollständig entwickelt. Die Flügeldecken tragen beiderseits 8 weiße Flecken, die am flachen Rand mit dem hellen Saumstreifen, der normal vorhanden ist, verschmelzen können. Das Halsschild, das gewöhnlich den Kopf bedeckt, trägt an den Seiten helle Flecke. Die kurzen Fühler, die am Ende mäßig verdickt sind, und die Beine sind hellbraun, die Unterseite gelblich.
Vorkommen: Der Käfer tritt nicht selten in Laubwäldern und Gehölzen auf, wo man ihn von April bis Oktober in der Vegetation und am Boden finden kann. Er lebt sowohl in der Ebene als auch in den unteren Bergwaldregionen.
Lebensweise: Tagsüber findet man die Art meist auf Blättern, er ist aber auch nachts aktiv und wird von Licht angelockt. Der Käfer überwintert in der Bodenspreu.
Nahrung: Käfer und Larven ernähren sich von Mehltaupilzen, die oft erhebliche Schäden an Kulturpflanzen hervorrufen können.
Entwicklung: Die Eier werden im Frühjahr abgelegt, und die Larven wachsen im Lauf des Frühsommers heran. Sie verpuppen sich an Pflanzenteilen.

5–8/8–12 mm Gesehen: ....

Siebenpunkt (Bilder oben und Mitte)
Coccinella septempunctata
Familie Marienkäfer

Aussehen: Körperumriß fast kreisrund, halbkugelig hochgewölbt. Flügeldecken ziegelrot mit meist 7 schwarzen, gerundeten Flecken. Halsschild schwarz mit seitlichen, gelb-weißen Flecken; Beine schwarz. Die Art ist wenig variabel.
Vorkommen: Weit verbreitet und meist häufig dort, wo auch Blattläuse vorkommen.
Lebensweise: Häufigster unserer Marienkäfer. Die Häufigkeit schwankt mit dem Nahrungsangebot. Überwintert oft in größeren Gemeinschaften unter alter Vegetation am Boden, oft aber auch in Häusern. Da in Häusern überwinternde Käfer in der Regel jedoch aufgrund der Wärme und Trockenheit meist zugrunde gehen, sollte man die gefundenen Tiere an möglichst kalte Orte bringen.
Nahrung: Käfer und Larven leben von Blatt- und Schildläusen und sind als deren Vertilger äußerst nützlich und schützenswert.
Entwicklung: Nach der Überwinterung legen die Weibchen ihre Eier an Pflanzen ab, die von Blattläusen befallen sind. Die Larven (Bild Mitte links) verzehren etwa 400 Blattläuse, bevor sie sich an der Pflanze verpuppen (Bild Mitte rechts). Die im Sommer schlüpfende neue Generation ist zunächst kräftig gefärbt, die Färbung verblaßt jedoch im Laufe ihres Lebens.

Augenmarienkäfer (Bild unten)
Anatis ocellata
Familie Marienkäfer

Aussehen: Wie alle Marienkäfer oval gerundet und kugelig hochgewölbt. Flügeldecken gelbrot mit 20 schwarz gekernten und hell gerandeten Flecken. (Die schwarzen Kerne können auch fehlen.) Halsschild schwarz mit gelblichweißer Zeichnung, Kopf schwarz mit 2 gelben Flecken, Beine dunkel. Größter einheimischer Marienkäfer, durch Färbung und Zeichnung mit keiner anderen Marienkäfer-Art zu verwechseln.
Vorkommen: Weit verbreitet und oft häufig an Plätzen mit größeren Nadelholzvorkommen, besonders Fichten.
Lebensweise: Entsprechend dem Nahrungsangebot können die Käfer örtlich sehr häufig auftreten und sind für den Menschen und seine Baumkulturen von großem Nutzen. Die Käfer überwintern am Boden in der Laub- und Nadelspreu. Sie gelangen nicht so oft in den engeren Lebensbereich des Menschen wie andere Marienkäfer-Arten.
Nahrung: Käfer und Larven leben von Blattläusen und Blattwespenlarven an Fichten, aber auch an anderen Nadelbäumen.
Entwicklung: Nach der Überwinterung legen die Weibchen ihre Eier an von Blattläusen oder Blattwespenlarven befallenen Nadelbäumen ab. Die Larven verpuppen sich an den Zweigen der von den Schädlingen befallenen Nadelbäume.

3–4,5 mm

Gesehen: ....

Zweiundzwanzigpunkt
Thea vigintiduopunctata
Familie Marienkäfer

Aussehen: Der Körperumriß dieses Käfers ist fast kreisrund. Er ist hochgewölbt und glänzend gelb. Dazu kommt eine Reihe von schwarzen Flecken, auf dem Halsschild 4 im Halbkreis und einer vor dem Schildchen, auf den Flügeldecken je 11. Kopf, Fühler und Beine sind gelb gefärbt, die Unterseite des Körpers schwarz mit gelben Flecken. Die kurzen Fühler sind zum Ende hin etwas verdickt.
Vorkommen: Diese Käferart ist sehr häufig und kommt weit verbreitet im Offenland an Feldrainen, in Gebüschen, Gärten und an Waldrändern vor. Man kann die Tiere am Tage beobachten.
Lebensweise: Die Käfer laufen in der Vegetation umher, um an krautigen Pflanzen und Blättern von Gebüschen Nahrung zu suchen. Beunruhigt, stellen sie sich tot und ziehen dabei Fühler und Beine an den Körper heran. Wie bei den anderen Marienkäfern werden aus den Kniegelenken orange Tröpfchen einer übelriechenden Flüssigkeit abgeschieden, die Feinde vertreiben sollen.
Nahrung: Käfer und Larven fressen Mehltaupilze, die sich auf Blättern – besonders von Eichen – befinden.
Entwicklung: Die Käfer überwintern und legen im Frühjahr ihre Eier in der Nähe von Nahrungsquellen ab. Noch im gleichen Jahr schlüpfen die neuen Käfer.

20–30 mm

Gesehen: ....

Totenkäfer
Blaps mortisaga
Familie Schwarzkäfer

Aussehen: Dieser mittelgroße Käfer ist ziemlich gedrungen gebaut und ganz mattglänzend schwarz gefärbt. Halsschild und Flügeldecken sind fein gepunktet, die Flügeldecken am Ende zu Spitzen ausgezogen. Die Fühler sind fadenförmig mit etwas verdickten Gliedern.
Vorkommen: Man findet die Käfer meist in der Nähe von oder in Gebäuden, wo sie als Kulturfolger des Menschen weit verbreitet und nicht selten vorkommen. Sie sind während der Dunkelheit aktiv, am Tage aber verborgen.
Lebensweise: Durch die Nahrung bedingt, leben die Käfer unter Brettern und Steinen, in Kellern, Ställen und Scheunen, gelegentlich auch in Bauten von Säugetieren. Bei Gefahr stellen sie sich tot und sondern eine übelriechende Flüssigkeit zur Abwehr ab.
Nahrung: Sie besteht bei Käfern und Larven aus vermodernden Pflanzenresten, verpilztem Holz und abgestorbenen Insekten, die sie auf ihren nächtlichen Ausflügen suchen. Beim Abbau dieser Substanzen spielen sie eine nicht unerhebliche Rolle.
Entwicklung: Die Larven dieser Käfer sehen den Drahtwürmern der Schnellkäfer ähnlich; sie sind langgestreckt und stark sklerotisiert, das heißt, ihre Haut ist sehr hart. Sie leben in organischen Überresten und verpuppen sich auch dort.

12–18 mm

Gesehen: ....

Mehlkäfer
Tenebrio molitor
Familie Schwarzkäfer

Aussehen: Der mittelgroße Käfer ist länglich und glänzend kastanienbraun bis schwarz. Die Flügeldecken weisen Punktstreifen auf, deren Zwischenräume wie das Halsschild fein punktiert sind. Die kurzen Fühler sind fadenförmig mit leicht verdickten Gliedern. Sie sind wie die Beine rotbraun gefärbt.
Vorkommen: Weit verbreitet und gelegentlich häufig in menschlichen Behausungen an Vorräten, weniger oft im Freien in Holzmulm und Vogelnestern. Als Kulturfolger ist die Art fast über die ganze Erde verbreitet.
Lebensweise: Der Käfer liebt die Dunkelheit und ist tagsüber verborgen, fliegt aber nachts gerne ans Licht. Da er ein Vorratsschädling ist, muß man bei einem Auftreten im Haus auf eventuelle Brutstätten achten. Sonst sind die Käfer zugeflogen oder stammen aus Vogelnestern unter der Dachtraufe.
Nahrung: Käfer und Larven leben an Getreide, Mehl und Mehlerzeugnissen im menschlichen Bereich, im Freien an stärkehaltigen Substanzen an geeigneten Stellen.
Entwicklung: Die als Mehlwürmer bekannten Larven werden in großer Zahl gezogen und als Futter für Aquarienfische und Vögel verwendet. Sie verpuppen sich in der Nahrung und können bei geeigneter Temperatur mehrmals im Jahr auftreten.

7–10 mm

Gesehen: ....

Gemeiner Wollkäfer

Lagria hirta

Familie Wollkäfer

Aussehen: Ein kleiner, langgestreckter Käfer, der an Kopf, Fühler, Halsschild und Beinen schwarz, an den Flügeldecken gelbbraun oder gelb gefärbt ist. Die Flügeldecken sind dicht wollig behaart und wie das Halsschild punktiert. Die Fühler sind fadenförmig und mäßig lang, die Beine lang und dünn.

Vorkommen: Im Sommer eine häufige Käferart, die von der Ebene bis in die Gebirge vorkommt und an Waldrändern, auf Waldwiesen, in Hecken und an Bachläufen verbreitet ist. Man findet sie am Tage auf Blättern verschiedener Bäume und Sträucher.

Lebensweise: Als Pflanzenfresser sind sie hauptsächlich an ihren Nahrungspflanzen zu finden, auf denen sie bei Tage beobachtet werden können.

Nahrung: Sie fressen vor allem frische Pflanzentriebe, die sie mittels besonderer Mikroorganismen in ihrem Darm verdauen. Dabei wird eine Vielzahl verschiedener Pflanzen angenommen. Die Larven ernähren sich von abgefallenem Laub am Boden und verdauen dieses auf die gleiche Weise wie die Käfer. Bei der Eiablage werden die Eier mit Mikroorganismen infiziert.

Entwicklung: Die Larven wachsen im Sommer und Herbst heran und überwintern dann. Im folgenden Frühjahr verpuppen sie sich dicht unter der Erdoberfläche.

14–18 mm

Gesehen: ....

Scharlachroter Feuerkäfer
Pyrochroa coccinea
Familie Feuerkäfer

Aussehen: Der mittelgroße, flache Käfer ist etwas gestreckt, mit geraden Seiten der Flügeldecken, die nach hinten breiter werden. Das vorragende Merkmal ist die rote Färbung von Halsschild und Flügeldecken, während Kopf, Fühler, Körper und Beine schwarz sind. Die langen Fühler sind beim Männchen gekämmt, beim Weibchen gesägt.
Vorkommen: Der weit verbreitete Käfer kommt vor allem an Waldrändern und in Laubwäldern vor, wo er im Mai und Juni an Blüten und Blättern (Eichen) beobachtet werden kann. Man findet ihn auch an gefällten Stämmen und Baumstrünken. Er ist stellenweise häufig.
Lebensweise: Die Käfer sind am Tage aktiv und jagen auf Blüten andere Insekten. Zur Eiablage finden sie sich auf altem Holz ein, in dem später die Larven leben.
Nahrung: Die Käfer sind Jäger ebenso wie die Larven, die in Holzmulm und unter der Rinde abgestorbener Strünke in den Gängen anderer Insekten oder in selbstgebohrten nach rindenbewohnenden Insekten jagen. Dadurch spielen sie bei der Bekämpfung der Borkenkäfer eine bedeutende Rolle.
Entwicklung: Die Larven überwintern ein oder mehrmals und verpuppen sich in einer Wiege unter der Rinde. Der Käfer schlüpft im Mai.

11–35 mm | Geschützt! | Gesehen: ....

Ölkäfer, Maiwurm
Meloe proscarabaeus
Familie Ölkäfer

<u>Aussehen:</u> Ziemlich großer, länglich gedrungener Käfer, der sich vor allem durch seine schwarze oder schwarzblaue Farbe auszeichnet sowie durch die hinten klaffenden Flügeldecken. Diese sind wie Kopf und Halsschild grob punktiert. Bei den Weibchen tritt der durch den Eivorrat mächtig geschwollene Hinterleib weit über die Flügeldecken hervor. Kräftige, fadenförmige Fühler und kräftig gebaute Beine.
<u>Vorkommen:</u> Im Frühjahr kriechen diese auffallenden Käfer im Flachland auf Wiesen umher, sind oft nicht selten, nehmen jedoch an Zahl ab, da ihr Lebensraum zunehmend verändert wird.
<u>Lebensweise:</u> Das Leben der Käfer spielt sich hauptsächlich am Boden von Grasland ab, wo sie am Tage zu beobachten sind. Bei Gefahr sondern sie aus den Kniegelenken Tropfen ihrer gelben Blutflüssigkeit ab, die für den Menschen schwach giftig ist, für einige Insektenfresser aber nicht.
<u>Nahrung:</u> Die Käfer leben von Pflanzenstoffen, ihre Larven hingegen parasitisch von Larven und Futtervorräten wilder Bienen.
<u>Entwicklung:</u> Der komplizierte Vorgang beginnt mit der Eiablage am Boden. Die jungen Larven klettern auf Blüten und klammern sich an die Beine einzelnlebender Bienen, die sie in ihren Bau mitnehmen. Dort fressen sie Larven und Nahrungsvorräte.

9–12 mm Gesehen: ....

Schenkelkäfer

Oedemera nobilis

Familie Scheinbockkäfer

Aussehen: Der kleine, schmale Käfer erinnert an Bockkäfer oder Weichkäfer durch seine weiche Körperdecke. Er ist glänzend grün mit einem Kiel am Halsschild und Längsrippen auf den Flügeldecken, die nach hinten zugespitzt sind und auseinanderklaffen, so daß die Hautflügel sichtbar werden. Fühler lang und fadenförmig. Besonders bemerkenswert sind die stark angeschwollenen Hinterschenkel der Männchen, die sich gut von denen der Weibchen unterscheiden.

Vorkommen: Weit verbreitete Art. Im Frühjahr und Sommer an Blüten von Kräutern und Büschen auf Wiesen, in Hecken, Gärten und an Waldrändern.

Lebensweise: Tagaktiv. Gute Flieger. Suchen fliegend neue Nahrungsquellen auf.

Nahrung: Blütenpollen von Wiesenblumen und Gräsern, Doldenblüten und blühenden Büschen von Holunder. Die Larven ernähren sich in den Stengeln abgestorbener Kräuter, in morschem Holz und ähnlichen Stoffen. So werden zum Beispiel die Stengel von Sonnenblumen befallen.

Entwicklung: Die Larve wächst im Lauf des Sommers in ihrer Nahrung heran und verpuppt sich im Herbst in einer Puppenwiege. Der Käfer ist im Herbst fertig entwickelt, überwintert aber in der Puppenwiege und schlüpft erst im folgenden Frühjahr.

18–45 mm

Gesehen: ....

Sägebock
Prionus coriaceus
Familie Bockkäfer

Aussehen: Sehr großer gedrungen gebauter Käfer mit glänzender brauner oder schwarzbrauner Färbung. Auf dem großen Kopf mit starken Kauladen sitzen lange, dicke Fühler, die beim Männchen stark, beim Weibchen schwach gesägt sind. Halsschild an den Seiten mit 3 starken Zähnen, vorne und hinten mit einem Saum gelber Haare. Die ledrigen, schwach glänzenden Flügeldekken tragen je 3 Längsrippen.
Vorkommen: Die Käfer sind weit verbreitet und nicht selten, kommen aber nur recht einzeln vor. Man findet sie immer bei alten Bäumen in Laubwäldern, aber auch in alten Alleen. Sie sind am Abend und nachts aktiv und können im Juli und August beobachtet werden.
Lebensweise: Da sie nur in der Dunkelheit aktiv sind und sich am Tage verstecken, sieht man sie meist bei Lampen, da sie vom Licht angelockt werden. Sie fliegen recht gut. Durch Reiben mit den Hinterbeinen an den Flügeldecken können zirpende Töne erzeugt werden.
Nahrung: Der Käfer nimmt keine Nahrung zu sich. Die Larven leben von Holz.
Entwicklung: Die Larve wird bis zu 6 cm lang, lebt zunächst unter der Rinde, später im Wurzelholz alter Bäume und braucht 3 Jahre zur Entwicklung. Sie häutet sich 14mal und verpuppt sich dann.

15–34 mm | Geschützt!

Moschusbock

Aromia moschata

Familie Bockkäfer

Aussehen: Der ziemlich große Käfer ist durch seinen schlanken Körper und die goldgrün glänzende Farbe nicht zu verkennen. Die sehr langen Fühler überragen den Körper nach hinten fast um das Doppelte, sind aber beim Weibchen etwas kürzer als beim Männchen. Halsschild mit seitlich spitzem Fortsatz. Die fast parallelrandigen Flügeldecken sind nach hinten verschmälert und tragen 2–3 Längsrippen.

Vorkommen: Der Käfer ist im Juni bis August an Weiden oder an Blüten in der Nähe von Weiden zu finden. Er ist weit verbreitet und nicht selten an Waldrändern und Bächen mit Weidenbeständen. Durch den Rückgang der alten Weiden ist auch der Käfer in seinem Bestand zurückgehend.

Lebensweise: Drüsen an der Hinterbrust sondern moschusartig riechende Stoffe ab, die dem Käfer den Namen eingebracht haben. Man findet ihn am Tage auf seiner Nahrung. Er kann gut fliegen.

Nahrung: Als Blütenbesucher leckt der Käfer mit Vorliebe Blütensäfte, besucht aber auch gerne blühende Bäume wie Birken und Ahorn. Die Larve lebt von Holzsubstanzen.

Entwicklung: Die Larve braucht mehrere Jahre, um sich im Holz alter Weiden, besonders Kopfweiden, zu entwickeln. Sie verpuppt sich in einem Kokon.

20–30 mm

Gesehen: ....

Großer Pappelbock
Saperda carcharias
Familie Bockkäfer

Aussehen: Der mittelgroße Käfer ist kräftig gebaut, zeigt aber die typische Form der Bockkäfer. Die Körperoberfläche ist schwarz, aber dicht filzig gelbbraun behaart. Auf den Flügeldecken ragen gekörnte, kahle Punkte hervor, und die Behaarung bildet hinter der Mitte ein Querband. Sie sind vorne breiter als das Halsschild und laufen nach hinten in Spitzen aus. Am Kopf sitzen lange kräftige Fühler, die beim Männchen nach hinten den Körper überragen, beim Weibchen aber etwas kürzer sind. Die Beine sind kräftig und wie die Fühler gelbbraun und grau gefärbt.
Vorkommen: In der Ebene ist diese Art weit verbreitet und stellenweise häufig; sie tritt von Juli bis September auf und findet sich bei Pappeln und Espen.
Lebensweise: Die Käfer halten sich vor allem auf Blättern und Stämmen auf und können am Tage beobachtet werden. Sie fliegen gut und können zirpende Geräusche erzeugen, die wahrscheinlich der Geschlechterfindung dienen.
Nahrung: Die Käfer fressen Blätter an Pappeln und Weiden, die Larven leben vom Holz jüngerer Stämme und Äste.
Entwicklung: Die Eier werden im Herbst in Stämme und Äste junger Bäume abgelegt. Die Larve schlüpft im Frühjahr und lebt 2 Jahre unter der Rinde und dann im Holz.

  12–20 mm

Gesehen: ....

Zimmermannsbock
Acanthocinus aedilis
Familie Bockkäfer

Aussehen: Mittelgroßer Käfer von typischer Bockkäfergestalt, braun gefärbt, mit feiner, filziger, grauer bis hellbrauner Behaarung, die undeutliche dunklere Muster bildet: auf den Flügeldekken Querbinden und Flecken, auf dem Halsschild meist 4 gelbe Flecken. Die Beine und Fühler grau und schwärzlich geringelt. Bei den Männchen sind die Fühler 5mal so lang wie der Körper, bei den Weibchen 1,5mal. An den Seiten des Halsschilds findet sich ein zahnartiger Vorsprung. Der Hinterleib beider Geschlechter ist hinter den Flügeldecken sichtbar und beim Weibchen zu einem kurzen Legebohrer verlängert.
Vorkommen: Der früher recht häufige Käfer tritt heute nur noch stellenweise, aber weit verbreitet bei frisch geschlagenem Nadelholz, vor allem von Kiefern und bei Baumstrünken auf. Er ist am Tage aktiv und kann von März bis Oktober gefunden werden.
Lebensweise: Die Käfer halten sich in der Regel bei ihren Nahrungspflanzen auf, die auch die ihrer Larven sind. Sie können gut fliegen und erzeugen Töne.
Nahrung: Bast und Nadeln von Kiefern, die Larven leben im Holz.
Entwicklung: Die Eier werden an die Rinde gelegt, und die Larven entwickeln sich in der Rinde und verpuppen sich dort in einer Puppenwiege. Der Käfer überwintert.

15–38 mm | Geschützt! | Gesehen: ....

Alpenbock
Rosalia alpina
Familie Bockkäfer

Aussehen: Großer, recht schlanker Käfer, unverkennbar durch seine Färbung und Zeichnung. Die feine Filzbehaarung ist meist blaugrau und weist schwarze Flecken auf: einen auf dem Halsschild, einen hinter den Schultern an den Seiten der Flügeldecken, auf der Mitte ein schwarzes Querband und einen Fleck vor dem Ende. Die Zeichnung kann stark variieren. Die Fühler sind beim Männchen von doppelter Körperlänge, beim Weibchen nur halb so lang. Fühler und Beine sind blaugrau und schwarz geringelt.

Vorkommen: Der Käfer tritt heute in Deutschland nur noch in Bayern und Württemberg auf, wo man ihn in den Buchenwäldern der Kalkalpen finden kann. Er ist sehr selten geworden. Er erscheint Juni bis September.

Lebensweise: Der Käfer ist an sonnigen Tagen aktiv und besucht Blüten, kriecht aber auch an Stämmen und Strünken der Buchen umher, in der später die Larven leben. Er kann gut fliegen, sowie Töne erzeugen.

Nahrung: Als Blütenbesucher frißt der Käfer Teile der Blüten, während die Larve im Holz alter und absterbender Bäume lebt.

Entwicklung: Die zwischen weichem und hartem Holz lebende Larve braucht 3 oder mehr Jahre, bis sie erwachsen ist. Sie verpuppt sich im Holz.

14–20 mm

Gesehen: ....

Gefleckter Schmalbock
Strangalia maculata
Familie Bockkäfer

Aussehen: Schlanker, mäßig großer Käfer, auf Kopf und Halsschild schwarz, auf den Flügeldecken aber glänzend gelb mit schwarzen Zeichnungen, die aus Flecken und Querbändern bestehen und dem Tier ein wespenartiges Aussehen verleihen. Diese Zeichnung kann variieren. Die langen Fühler und die Beine sind gelb und schwarz geringelt.
Vorkommen: Einer unserer häufigsten Bockkäfer. Von Juni bis August von der Ebene bis in die Bergwälder in Laubwäldern auf Lichtungen und Wiesen.
Lebensweise: Der Käfer besucht am Tage gerne Blüten vor allem von Doldengewächsen und scheint dort durch seine wespenartige Zeichnung einen gewissen Schutz zu genießen. Er kann fliegen und bringt Töne hervor.
Nahrung: Der erwachsene Käfer ernährt sich von Blütenteilen wie Pollen, Staubgefäßen, aber auch Nektar. Die Larve lebt im Innern von morschen Waldbäumen und Sträuchern, z. B. Eichen und Buchen, Birken, Ulmen, Haseln und Weißdorn; Fichten werden selten befallen.
Entwicklung: Die Eier werden vom Weibchen an geeignete Stellen abgelegt. Die frisch geschlüpften Larven bohren sich in die Nahrung ein, in der sie lange Gänge erzeugen. Dort verpuppen sie sich auch, und der fertige Käfer muß sich ins Freie durcharbeiten.

10–19 mm

Gesehen: ....

Rothalsbock
Leptura rubra
Familie Bockkäfer

Aussehen: Der mäßig große Käfer weist deutliche Geschlechtsunterschiede auf: Männchen, kleiner, schmaler, Brustschild schwarz, Flügeldecken gelb, nach hinten zulaufend. Schienen und Füße ebenfalls gelb gefärbt. Fühler lang und stark gesägt. Weibchen größer, gedrungener gebaut, mit rotbraunem Halsschild, Flügeldecken und Füßen. Die kürzeren Fühler sind schwächer gesägt.
Vorkommen: Der Käfer kommt von Juni bis September von der Ebene bis in die Gebirge häufig vor. Man sieht ihn vor allem an Doldenblüten, aber auch an altem Holz. Er ist in Wäldern auf Lichtungen und an Waldrändern zu finden.

Lebensweise: Vor allem die Männchen besuchen Blüten, während man die Weibchen eher an altem Holz, der Nahrung der Larven, beobachten kann. Sie sind am Tage aktiv und können fliegen. Durch Reiben des Halsschilds an der Kante der Mittelbrust werden knarrende Töne erzeugt, die vielleicht der Geschlechterfindung dienen.
Nahrung: Sie besteht bei den Käfern aus Blütenteilen, während die Larve im Holz abgestorbener Nadelbäume lebt, vor allem von Fichte und Kiefer.
Entwicklung: Die Larve bohrt im Splint unregelmäßige Gänge und verpuppt sich auch darin. Die Entwicklung dauert 2 Jahre.

7–14 mm

Gesehen: ....

Widderbock
Clytus arietis
Familie Bockkäfer

Aussehen: Der mäßig kleine Käfer erinnert durch seine Zeichnung an Wespen: Er ist schwarz gefärbt und trägt auf Halsschild und Flügeldecken gelbe Flecken und mehr oder weniger gebogene Querbänder, besonders ein geschwungenes auf der Mitte der Flügeldecken. Sie bestehen aus einem dichten und kurzen Haarfilz. Die langen und fadenförmigen Fühler sowie die Beine sind rotbraun gefärbt. Es gibt ähnliche Arten.
Vorkommen: Von Mai bis Juli findet man diesen Käfer in Laubwäldern von der Ebene bis in die unteren Berglagen. Er ist weit verbreitet und recht häufig.
Lebensweise: Den Käfer kann man bei Tage auf Doldenblüten, öfter aber auf Holzklaftern und trockenen Ästen verschiedener Laubbäume finden, wo sich die Larven entwickeln. Er ist sehr scheu und fliegt bei Gefahr sofort weg.
Nahrung: Als Blütenbesucher verzehrt der Käfer Teile davon.
Die Larve lebt in abgestorbenen Laubhölzern, an denen sie zwischen Rinde und Holz Gänge bohrt.
Entwicklung: Die Larve braucht 2 Jahre, bis sie erwachsen ist. Dann gräbt sie sich tiefer ins Holz ein und verpuppt sich dort in einer Kammer. Bei dieser Art überwintert die Puppe, und der Käfer schlüpft erst im Frühjahr.

25–60 mm | Geschützt! | Gesehen: ....

Mulmbock

Ergates faber

Familie Bockkäfer

Aussehen: Der große, kräftig gebaute Käfer ist dunkelbraun glänzend gefärbt, wobei die Flügeldecken in der Regel etwas heller sind. Letztere sind wie Halsschild und Kopf fein granuliert. Das breite Halsschild ist seitlich etwas ausgeeckt und trägt auf der Oberseite Skulpturen, die bei Männchen und Weibchen verschieden geformt sind. Die Fühler sind beim Männchen doppelt so lang wie beim Weibchen und überragen den Körper. Die Beine sind sehr kräftig entwickelt. Diese Art ist nicht zu verwechseln.

Vorkommen: Die Käfer treten im Spätsommer und Herbst auf und finden sich vor allem in Nadelwäldern mit Kiefern. Sie galten früher als Waldschädlinge, sind heute aber recht selten geworden.

Lebensweise: Die Käfer sind nur nachts aktiv und halten sich am Tage versteckt. Sie können gut fliegen. Meist halten sie sich an Stellen auf, die später den Larven als Nahrung dienen.

Nahrung: Der Käfer nimmt keine Nahrung zu sich, da er von Speicherstoffen, die die Larve angelegt hat, lebt. Die Larve lebt im Splintholz abgestorbener Baumstrünke, vor allem von Kiefern, in denen sie breite Gänge bohrt.

Entwicklung: Die Larve wird sehr groß (bis 80 mm) und braucht 4 Jahre zur Entwicklung. Sie verpuppt sich im Holz, nicht weit von der Oberfläche entfernt.

10–21 mm

Gesehen: ....

Schrotbock

Rhagium inquisitor

Familie Bockkäfer

Aussehen: Dieser kleine Käfer hat auf Kopf und Halsschild eine schwarze Grundfarbe, auf den Flügeldecken eine gelbliche. Das ganze Tier ist von einem feinen grauen Haarfilz überzogen, der auf den Flügeldecken nur 2 kahle schwarze Flecken freiläßt. Das schmale Halsschild trägt einen deutlich vorgestreckten und gerundeten Kopf, auf dem die relativ kurzen Fühler sitzen.
Vorkommen: Dieser Käfer ist häufig in Nadelwäldern von der Ebene bis in die Berge, von April bis August; weit verbreitet.
Lebensweise: Am Tage kann man diesen Käfer auf Blüten und auf Holz beobachten, in dem sich die Larven entwickeln. Er kann gut fliegen, wird gelegentlich auch mit Holz in Wohnungen eingeschleppt, kann aber dort keinen Schaden anrichten.
Nahrung: Die Käfer besuchen Blüten und fressen Teile davon, können aber auch blutende Baumstämme aufsuchen, um die Säfte aufzunehmen. Die Larve lebt unter der Rinde von Nadelbäumen.
Entwicklung: Die Larve (Bild) braucht 2 Jahre, bis sie erwachsen ist. Dann verpuppt sie sich in einer Puppenwiege (Bild) unter der Rinde. Der Käfer überwintert darin und schlüpft im folgenden Jahr.

8–14 mm

Gesehen: ....

Walzenhalsbock

Phytoecia cylindrica

Familie Bockkäfer

Aussehen: Kleiner, langgestreckter, schmaler Käfer mit rundem Körperquerschnitt. Er ist also walzenförmig. Die Grundfärbung der Körperdecke ist schwarz, sie wird aber von einem dichten blaugrünen Haarfilz überzogen, aus dem auf den Flügeldecken schwarze Punkte herausragen. Auf dem Halsschild gibt es 3 helle Längsstreifen, und die Augen sind weiß eingefaßt. Die Körperoberfläche ist außerdem lang behaart. Die langen Fühler und die Beine sind dunkel gefärbt.
Vorkommen: Man findet den Käfer im Sommer nicht selten an trockenen, warmen Standorten, wie Brachflächen, Bahndämmen und Steppen, wo er vor allem nach Süden verbreiteter vorkommt. Er lebt von der Ebene bis in die Gebirge an geeigneten Stellen, wird aber zusehends seltener, da seine Lebensräume zerstört werden.
Lebensweise: Der Käfer fliegt bei Sonne in den wärmsten Tagesstunden und läßt sich sehr gerne auf Borretschgewächsen nieder.
Nahrung: Vor allem Borretschgewächse dienen dem Käfer und seinen Larven als Wirte, wobei die Larven in den krautigen Stengeln und den Wurzeln leben.
Entwicklung: Sie ist einjährig, und der Käfer schlüpft bereits im Jahr nach der Eiablage.

4–5 mm

Gesehen: ....

Gemeiner Erbsenkäfer

Bruchus pisorum

Familie Samenkäfer

Aussehen: Kleiner, längsovaler Käfer, der auf der Oberseite eine variable Zeichnung aus rostbraunen, dunkelgrauen und weißen Haaren trägt. Auf dem unter den Flügeldecken vorragenden Hinterleibsende gibt es 2 schwarze Flecken. Der Kopf ist meist nach unten gerichtet und trägt mäßig lange, perlschnurförmig gestaltete Fühler.

Vorkommen: Fast weltweit verbreitet. Der Käfer findet sich im Frühjahr auf Erbsenfeldern, kann mit geernteten Erbsen aber auch in Lagern und Wohnungen auftreten.

Lebensweise: Der Käfer ist ausschließlich an Erbsen gebunden und überall dort, wo diese Pflanzen in größerem Ausmaß angebaut werden, schädlich.

Nahrung: Zur Entwicklung der Eier frißt der weibliche Käfer die Pollen der Erbsenblüten. Die Larve lebt dann an den heranwachsenden Erbsen in den Schoten.

Entwicklung: Die Eier werden an die jungen Schoten gelegt, und die Larven dringen in die Erbsensamen ein, jeweils nur eine in eine Erbse. Darin entwickelt sie sich zum Käfer, der in wärmeren Ländern im Herbst herauskriecht und in einem Versteck überwintert. Bei uns verbleibt der Käfer in den Erbsen und gelangt so in die Lager, wo er im Frühjahr erscheint. Er ist also kein richtiger Vorratsschädling.

4–4,5 mm

Gesehen: ....

Getreidehähnchen

Oulema melanopus

Familie Blattkäfer

Aussehen: Kleine, länglich gerundete Käfer, mit glänzender, bunter Färbung. Die Flügeldecken sind metallisch blau, grün oder schwarz, und feine Punktreihen. Das Halsschild ist rot und punktiert; der Kopf, die Fühler und die Füße dunkel, die Beine orange. Die mäßig langen Fühler haben eine fadenförmige Gestalt.

Vorkommen: Der Käfer tritt im Frühsommer oft häufig überall dort auf, wo Gras wächst. So besiedelt er sogar Grasbestände in Großstädten. Man sieht ihn am Tage an Gräsern und Getreidepflanzen, die er fliegend aufsucht. Die neuen Käfer findet man im August.

Lebensweise: Die überwinternden Käfer legen ihre Eier einzeln oder in Gruppen auf Getreide- und Grasblätter.

Nahrung: Käfer wie Larven ernähren sich von Grasblättern, zu denen auch die Getreidearten gehören, und können an diesen Schäden verursachen. Sie zerstören das Gewebe zwischen den Blattnerven.

Entwicklung: Die Larven sehen kleinen Nacktschnecken ähnlich und sind mit einem schwärzlichen Schleim überzogen, auf den sie zu ihrem Schutz die eigenen Exkremente festkleben. Sie sind im Sommer erwachsen und verpuppen sich 5 cm tief im Boden.
Die noch im gleichen Jahr schlüpfenden Käfer überwintern.

6–8 mm

Gesehen: ....

Lilienhähnchen
Lilioceris lilii
Familie Blattkäfer

Aussehen: Der kleine, etwas gedrungen gebaute Käfer ist auf Halsschild und Flügeldecken leuchtend rot gefärbt, während Kopf, Fühler und Beine eine dunkle Farbe tragen. Auf den Flügeldecken gibt es Längsreihen von Pünktchen. Die mäßig langen Fühler sind einfach fadenförmig.
Vorkommen: Dieser Käfer ist weit verbreitet und oft häufig an Liliengewächsen in Gebüschen und lichten Wäldern, besonders aber in Gärten. Der Käfer erscheint vom Frühjahr bis zum Herbst in 1–3 Generationen.
Lebensweise: Die Käfer kriechen am Tage auf den Blättern von Liliengewächsen herum und suchen fliegend nach neuen Nahrungspflanzen. Mit den Enden der Flügeldecken können sie durch Reiben am Hinterleibsende zirpende Töne erzeugen.
Nahrung: Sowohl Käfer als auch Larven leben an Lilienpflanzen und können in Gärten an Lilien, Türkenbund, Kaiserkronen und anderen Kulturpflanzen Schäden erzeugen, da sie die Blätter dieser Pflanzen durch ihren Fraß stark beschädigen.
Entwicklung: Die orange gefärbten Larven sehen meist schwarz aus, da sie ihren Kot am Rücken ablagern. Sie kriechen träge auf den Nahrungspflanzen umher. Zur Verpuppung fertigen sie im Boden eine Kammer. Der Käfer überwintert.

  6–8 mm

Gesehen: ....

Seidiger Fallkäfer
Cryptocephalus sericeus
Familie Blattkäfer

Aussehen: Dieser Käfer ist gedrungen gebaut und von länglich abgerundeter Gestalt. Der Körper ist zylindrisch geformt. Auffallend ist die meist metallisch glänzende Farbe, die grün, golden oder gelegentlich blau sein kann. Halsschild und Flügeldecken sind punktiert, letztere lassen das Ende des Hinterleibs frei. Die langen Fühler sind fein fadenförmig und wie der Kopf und die Beine überwiegend dunkel gefärbt. Es gibt einige ähnliche Arten.
Vorkommen: Auf sonnigem, offenem Gelände wie Wiesen, Bahndämmen und Hängen findet man diesen Käfer oft häufig an Blüten von gelben Korbblütlern von Mai bis Juli. Weit verbreitet.
Lebensweise: Der am Tage aktive Käfer ist ein eifriger Blütenbesucher, die er oft fliegend aufsucht. Man findet ihn aber auch an Blättern verschiedener Büsche.
Nahrung: Die Käfer leben hauptsächlich von den Blütenpollen der Korbblütler, während die Larve mehr an Blättern zu finden ist.
Entwicklung: Sie ist bei den Arten dieser Gattung noch nicht recht bekannt. Die Larven tragen ein Gehäuse aus Kot, in dem ihr Hinterleib steckt. Dieses Larvengehäuse muß wohl als Schutz gegen Feinde betrachtet werden, verhindert aber nicht den Befall durch Parasiten. Sie überwintern wohl mehrmals und verpuppen sich im Boden.

5–6 mm

Gesehen: ....

Prächtiger Blattkäfer
Dlochrysa fastuosa
Familie Blattkäfer

Aussehen: Die kleinen, gedrungenen, ovalen Käfer dieser Gruppe zeichnen sich besonders durch ihre metallisch glänzenden und schillernden Farben aus. Diese Art weist verschiedene Kombinationen aus Grün, Blau, Violett und Rot, wobei oft ein blauviolettes Längsband auf den Flügeldecken und 2 blaue Flecke auf dem Halsschild vorkommen. Die Beine sind metallisch grün, die Fühler, die zum Ende hin stärker werdende Glieder tragen, sind dunkel gefärbt.
Vorkommen: Im Frühjahr und Sommer findet man diesen Käfer meist sehr häufig an verschiedenen Lippenblütlern, wie Taubnessel, Hohlzahn und anderen, an Wegrändern, Schuttplätzen und Waldrändern in weiter Verbreitung.
Lebensweise: Die Käfer sind am Tage aktiv und können leicht beobachtet werden, da sie sehr träge sind und nur ungern fliegen. Man findet sie hauptsächlich an den Nahrungspflanzen.
Nahrung: Käfer und Larven fressen an den schon genannten Pflanzen, von denen sie vor allem die Blätter bevorzugen.
Entwicklung: Die Eiablage erfolgt im Frühjahr, und die Larve entwickelt sich im Lauf des Sommers. Der dann schlüpfende Käfer überwintert. Im folgenden Frühjahr erfolgt dann die Fortpflanzung.

6–7 mm

Gesehen: ....

Erlenblattkäfer

Agelastica alni

Familie Blattkäfer

Aussehen: Der kleine, rundlich gedrungene Käfer ist nach hinten zu verbreitert. Kopf, Halsschild und Flügeldecken sind glänzend blau, violett oder grünlich in verschiedenen Tönungen. Die Oberfläche ist überall fein und dicht punktiert. Die fadenförmigen Fühler und die Beine sind schwarz gefärbt.

Vorkommen: Diese Käferart ist vor allem in der Ebene häufig an Erlenblättern zu finden. Man sieht sie im Sommer und nach der Überwinterung wieder im Frühjahr.

Lebensweise: Die häufigen Käfer kann man bei Tage leicht beobachten, da sie meist recht träge auf ihren Nahrungspflanzen herumkriechen. Sie können auch fliegen.

Nahrung: Käfer und Larven ernähren sich hauptsächlich von Erlenblättern, an denen sie Löcher fressen. Die jungen Larven verzehren, zunächst nur eine Blattfläche, wodurch ein sogenannter Fensterfraß entsteht, später erzeugen sie Löcher zwischen den Blattrippen, so daß die Blätter fast skelettiert werden.

Entwicklung: Die Eier werden gruppenweise abgelegt. Die jungen, schwarzen Larven leben zunächst in Gesellschaften, zerstreuen sich aber später und leben dann einzeln auf den Blättern. Erwachsen verpuppen sie sich im Boden und ergeben im Sommer neue Käfer, die überwintern.

10–12 mm

Gesehen: ....

Pappelblattkäfer
Melasoma populi
Familie Blattkäfer

Aussehen: Der Käfer ist ziemlich breit gerundet und gewölbt. Kopf, Halsschild und Schildchen sind metallisch glänzend schwarzgrün bis bläulich schwarz und fein punktiert. Die Flügeldecken dagegen sind ziegelrot, werden aber bei getrockneten Exemplaren in Sammlungen orange. Sie tragen am Ende je einen kleinen, schwarzen Fleck, der sie von anderen Arten unterscheidet. Sie sind ebenfalls dicht und fein punktiert. Die Beine und Fühler sind schwarz gefärbt, letztere einfach, perlschnurartig.
Vorkommen: Der Käfer ist häufig auf Pappeln und Weiden zu finden. Er kommt weit verbreitet von Mai bis August vor.

Lebensweise: Die Käfer kriechen auf den Nahrungspflanzen umher und geben bei Störungen ein nach Karbol riechendes Sekret ab, das der Abwehr dienen soll.
Nahrung: Sowohl Käfer als auch Larven fressen an den Blättern von Pappeln und Weiden, deren Salicylsäure die Grundlage für die Abwehrstoffe bildet.
Entwicklung: Die Larven (Bild) findet man auf den Blättern der Nahrungspflanze, an denen sie sich auch verpuppen. Dazu befestigen sie sich mit dem Hinterleib an der Nahrungspflanze, und die Puppe hängt kopfabwärts. Gewöhnlich entstehen 2 Generationen im Jahr, und der Käfer überwintert.

6–10 mm

Gesehen: ....

Kartoffelkäfer

Leptinotarsa decemlineata

Familie Blattkäfer

Aussehen: Diese mäßig große Käferart ist in Europa mit keiner anderen zu verwechseln. Die Grundfarbe ist gelb mit schwarzen Flecken auf dem Halsschild und je 5 schwarzen Längsstreifen auf den Flügeldecken. Kopf und Basis der Fühler und Beine sind ebenfalls gelb, das Ende der einfachen Fühler und die Tarsen aber schwarz gefärbt.

Vorkommen: Der aus Amerika stammende Käfer wurde 1877 in Europa eingeschleppt und ist heute bei uns auf Kartoffelfeldern weit verbreitet. Zeitweise sehr häufig und schädlich ist er jetzt nicht mehr so oft anzutreffen. Man findet ihn im Sommer.

Lebensweise: Der tagaktive Käfer ist vor allem auf Kartoffelstauden zu finden, an denen er am Tage aktiv ist. Durch sein Flugvermögen tritt er aber auch entfernt davon auf. Bei Gefahr sondert er – wie die Larven – einen gelben Saft ab. Seine Färbung ist wohl eine Warnfarbe. Seine größten natürlichen Feinde sind bei uns die großen Laufkäfer.

Nahrung: Käfer und Larven fressen die krautigen Teile der Kartoffelstaude.

Entwicklung: Die rötlichen, mit schwarzen Punkten versehenen Larven brauchen einige Wochen, bis sie erwachsen sind und verpuppen sich dann im Boden. 1–2 Generationen im Jahr. Der Käfer überwintert.

1,8–2,5 mm

Gesehen: ....

Kohlerdfloh
Phyllotreta undulata
Familie Blattkäfer

Aussehen: Ein sehr kleiner, ovaler Käfer von schwarzer Farbe ohne Metallglanz. Auf den Flügeldecken gibt es zwei gelbe Längsbänder von unregelmäßiger Breite. Die Körperoberfläche ist punktiert. Fühler einfach und ziemlich lang, an der Basis gelb, sonst schwarz. Die Beine sind ebenfalls schwarz und gelb gezeichnet. Ein besonderes Merkmal dieser Gruppe ist die Verdikkung der Hinterschenkel, die durch ihre kräftige Muskulatur sehr weite Sprünge möglich macht. Daher auch der Name Erdfloh.
Vorkommen: Diese Art ist auf Feldern und in Gemüsegärten oft sehr häufig und weit verbreitet. Man findet sie von April bis August.
Lebensweise: Sehr guter Springer, ihr Sprungvermögen ermöglicht ihm eine rasche Flucht. Sie können auch fliegen.
Nahrung: Die Käfer fressen vor allem an den Blättern von Kohlpflanzen, während die Larven hauptsächlich an den Wurzeln leben. Bei starkem Auftreten können sie an Gemüsekulturen sehr schädlich werden. So zerstören die überwinternden Käfer im Frühjahr oft die Sämlinge durch Kahlfraß.
Entwicklung: Das Weibchen legt im Frühjahr die Eier auf den Boden. Die Larven verpuppen sich auch dort.

3–4 mm

Gesehen: ....

Stachelkäfer
Hispella atra
Familie Blattkäfer

Aussehen: Dieser kleine Käfer weicht durch sein Aussehen von der üblichen Gestalt der Blattkäfer ab. Er ist deshalb auch unverkennbar. Fühlerbasis, Halsschild und Flügeldecken tragen lange Stacheln, auf den Flügeldecken gibt es zudem große, runde Gruben. Der ganze Käfer ist einschließlich der dicken, perlschnurartigen Fühler und der kräftig gebauten Beine schwärzlich gefärbt.
Vorkommen: Diese wärmeliebende Art ist im Süden häufiger, fehlt aber stellenweise im Norden unseres Gebiets. Sie bewohnt trockene Grasfluren und kann im Sommer gefunden werden.
Lebensweise: Die Käfer besuchen gerne die Blüten von Disteln, an denen man sie am Tage finden kann. Sie können auch Töne erzeugen, indem sie mit dem Vorderrand des Halsschilds über Leisten am Scheitel des Kopfes streichen. Möglicherweise ist dies ein Mittel zur Geschlechterfindung.
Nahrung: Die Käfer ernähren sich bei ihrem Blütenbesuch von Pollen, während die Larven in den Blättern verschiedener Gräser minieren, zum Beispiel in Quecke und Rispengras. Dabei bohren sie Gänge im Blattinnern, ohne daß die Oberfläche der Blätter zerstört wird.
Entwicklung: Über sie ist wenig bekannt, sie dürfte aber in der für Blattkäfer üblichen Weise ablaufen.

7–10 mm

Gesehen: ....

Grüner Schildkäfer
Cassida viridis
Familie Blattkäfer

Aussehen: Dieser mäßig kleine Käfer ist durch seine ungewöhnliche Körperform gekennzeichnet. Halsschild und Flügeldecken sind am Rande flach und weit verbreitert, so daß der rundliche Käfer Fühler, Kopf und Beine völlig darunter einziehen kann.

Die Färbung ist matt grün, die einfachen Fühler und die Beine teilweise oder ganz gelbbraun. Die Unterseite des Körpers ist schwarz.

Vorkommen: Dieser häufige Käfer lebt auf feuchten Wiesen, Wegrändern und Ufern und findet sich von der Ebene bis zum Alpenrand weit verbreitet von Mai bis September.

Lebensweise: Der Käfer ist vor allem auf seinen Nahrungspflanzen zu finden, auf denen er durch seine Körpergestalt und Färbung aber schwer zu erkennen ist.

Nahrung: Der Käfer bevorzugt Lippenblütler wie Salbei, Ziest, Minze und andere, findet sich aber auf Korbblütlern, in deren Blätter er Löcher beißt. Die Larven leben an den gleichen Pflanzen, zuerst auf der Unterseite der Blätter, später auf deren Oberseite.

Entwicklung: Die Larven entwickeln sich in einigen Wochen im Sommer. Sie verpuppen sich an der Nahrungspflanze. Zu ihrem Schutz spießen sie Kot und Larvenhäute auf zwei Dornen. Der Käfer überwintert.

2,5–4 mm

Gesehen: ....

Schwarzer Birkenblattroller
Deporaus betulae
Familie Blattroller

Aussehen: Der kleine Käfer ist glänzend schwarz und auf der Oberseite fein anliegend behaart. Die Körperform ist durch die breite, rüsselartige Verlängerung am Kopf ausgezeichnet, von der die kurzen, am Ende zu einer Keule verdickten Fühler ausgehen. Kopf und gerundetes Halsschild sind schmaler als die nach hinten verbreiterten Flügeldecken, die Längsreihen grober Punkte tragen. Die kräftigen Beine sind beim Männchen durch verstärkte Schenkel der Hinterbeine hervorgehoben.
Vorkommen: Dieser Käfer ist von der Ebene bis in die Gebirge an seinen Nahrungspflanzen häufig und weit verbreitet. Man findet ihn von April bis Juni.
Lebensweise: Die männlichen Käfer kämpfen um die Weibchen, die nach der Paarung Blätter s-förmig einschneiden, wobei die etwas angenagte Mittelrippe stehenbleibt. Das welkende Blatt wird eingerollt, zuerst die eine Blattseite, und darüber dann die andere. In die entstandene „Tüte" werden die Eier abgelegt.
Nahrung: Blätter von Birken, seltener von Erlen und anderen Laubbäumen.
Entwicklung: Die Larve wächst in der Blattrolle heran, die schließlich zu Boden fällt und von der Larve verlassen wird. Sie verpuppt sich im Boden, und der Käfer überwintert dort.

4–6 mm

Gesehen: ....

Eichenblattroller
Attelabus nitens
Familie Blattroller

Aussehen: Dieser kleine Käfer ist gedrungen gebaut, mit breiter Verlängerung des Kopfs und einfachen Fühlern mit keuliger Verdickung zum Ende hin. Fühlerenden, Kopf und Beine sind schwarz gefärbt, Halsschild, Flügeldecken und Fühlerbasis rot. Kopf und Halsschild sind fein punktiert, die Flügeldecken mit feinen Punktreihen. Die Beine sind verhältnismäßig lang.
Vorkommen: Der Käfer ist häufig bei Eichen und weit verbreitet, kommt aber im Norden nur lokal vor, während er im Süden auch in Beständen von Edelkastanien lebt. Man findet ihn von Mai bis Juli.
Lebensweise: Das Weibchen schneidet von den Seiten das Eichenblatt bis zum Mittelnerv ein. Dieser wird wie die anderen Blattseiten zusammengeklappt und von der Spitze her eingerollt. In den Hauptnerv legt es ein oder mehrere Eier.
Nahrung: Eichenblätter, vor allem an jüngeren Trieben, und im Süden Edelkastanien.
Entwicklung: Die Larve ernährt sich vom Blattgewebe in der Rolle, bis sie erwachsen ist und das Blatt schließlich zu Boden fällt. Dort überwintert die Larve in der Blattrolle und verläßt sie erst im folgenden Frühjahr, um sich im Boden zu verpuppen. Die Blattrolle hat auch einen anderen Käfer als Mitbewohner.

7–12 mm

Gesehen: ....

Schwarzer Rüsselkäfer

Otiorrhynchus niger

Familie Rüsselkäfer

Aussehen: Mäßig großer, länglich ovaler Käfer mit glänzend schwarzer Färbung, die Beine dagegen rötlich. Der Fortsatz am Kopf ist breit und trägt Fühler, deren Schaft sehr lang ist. Die Fühlergeißel sitzt schräg daran an, so daß der ganze Fühler gekniet aussieht. Das Halsschild ist seitlich gerundet und schmaler als die Flügeldecken, die nach hinten etwas zugespitzt sind. Häutige Flügel fehlen.

Vorkommen: Diese Art findet sich in den Fichtenwäldern der Mittelgebirge und ist in den Alpen bis zur Baumgrenze besonders häufig. Man findet sie im Spätsommer und Herbst und nach der Überwinterung im Frühjahr.

Lebensweise: Die flugunfähigen Käfer kriechen am Tage auf den Nahrungsbäumen und am Boden umher.

Nahrung: Die Käfer nagen an den Nadeln und Trieben von Fichten, sind aber nicht schädlich. Ihre Larven dagegen ernähren sich im Boden von Wurzeln der Nadelbäume und wurden gelegentlich in Baumschulen schädlich.

Entwicklung: Das Weibchen legt seine Eier nach der Überwinterung am Boden ab, und die beinlosen, engerlingartigen Larven suchen die Wurzeln der Nahrungsbäume auf. Sie verpuppen sich im Boden, und der Käfer schlüpft im Spätsommer. Er überwintert.

3,5–6 mm

Gesehen: ....

Silberner Grünrüßler
Phyllobius argentatus
Familie Rüsselkäfer

Aussehen: Kopf, Halsschild und Flügeldecken sowie die Schenkel und Schienen sind mit metallisch grünen Schuppen bedeckt, die Beine und die geknieten Fühler hell rotbraun gefärbt. Der kleine Käfer ist länglich und trägt auf dem Kopf einen kurzen, breiten Fortsatz, an dessen Vorderende die Fühler sitzen. Halsschild und Kopf sind punktiert, die Flügeldecken tragen Längsstreifen.
Vorkommen: Der sehr häufige Käfer kommt im Frühjahr und Frühsommer auf Laubbäumen vor, gelegentlich auch auf Nadelbäumen. Man findet ihn auch an Obstbäumen. Seine Verbreitung erstreckt sich von der Ebene bis in die Berge.
Lebensweise: Die Käfer sind am Tage auf ihren Nahrungsbäumen aktiv, während die Larven verborgen in den Nahrungspflanzen leben.
Nahrung: Blätter verschiedener Laubgehölze dienen dem Käfer als Nahrung. Die Larven hingegen bohren in den Stengeln krautiger Pflanzen.
Entwicklung: Die Larven dieses Käfers haben keine Beine und sehen wie Fliegenmaden aus. Diese Körperform ist an ihre bohrende Lebensweise angepaßt.
Die erwachsene Larve verläßt die Nahrungspflanze und gräbt sich in den Boden ein und verpuppt sich dort. Sie überwintert, und der Käfer schlüpft im folgenden Jahr.

6–9 mm Gesehen: ....

Haselnußbohrer

Curculio nucum

Familie Rüsselkäfer

Aussehen: Kleiner, ovaler, nach hinten zugespitzter Käfer. Er ist schwarz und trägt graubraune und weiße Schuppen, die unregelmäßige Flecken bilden. Der Fortsatz am Kopf ist lang und dünn, beim Männchen länger als der Körper, beim Weibchen kürzer. Die geknieten Fühler sitzen an der Mitte des Rüssels. Die Flügeldekken lassen das Hinterende des Körpers frei. Fühler und Beine sind rotbraun, letztere dicht weißlich behaart.

Vorkommen: Dieser weit verbreitete Käfer ist überall bei seinen Nahrungsbäumen zu finden und nicht selten. Er tritt im Sommer und nach der Überwinterung wieder im Frühjahr auf.

Lebensweise: Im Frühjahr findet man den Käfer an verschiedenen früchtetragenden Bäumen, später an Haselnußbüschen, auf denen er am Tage herumkriecht.

Nahrung: Nach der Überwinterung ernährt sich der Käfer von jungen Kirschen, Birnen und dergleichen. Dann von Blättern der Haselnüsse. Die Larve bohrt in den Nüssen.

Entwicklung: Das Weibchen bohrt zur Eiablage Löcher in junge Haselnüsse, die von den Larven ausgefressen werden. Die reife Larve verläßt die Nuß durch ein Loch, läßt sich zu Boden fallen und überwintert dort. Die Verpuppung erfolgt im nächsten Jahr, der Käfer schlüpft im Sommer.

  8–14 mm

Gesehen: ....

Großer Brauner Rüsselkäfer
Hylobius abietis
Familie Rüsselkäfer

Aussehen: Mäßig großer, schwarzbrauner Käfer mit Gruppen von gelben Schuppen, die auf den Flügeldecken unregelmäßige Querbänder bilden können. Der Fortsatz am Kopf ist so lang wie das Halsschild und am Ende verbreitert. Die Fühler sind gekniet und tragen eine Keule am Ende. Das Halsschild wird nach hinten breiter und ist auf der Oberfläche gerunzelt, die Flügeldecken weisen Reihen länglicher Punkte auf.
Vorkommen: Die Art ist von der Ebene bis in die Gebirge weit verbreitet und oft häufig. Man findet sie in Nadelwäldern, vor allem bei Kiefern, von Frühjahr bis Herbst.
Lebensweise: Der Käfer ist an seine Nahrungsbäume gebunden und kann dort bei starkem Auftreten leicht beobachtet werden. Die recht trägen Tiere kriechen an den Pflanzen herum.
Nahrung: Im Frühjahr frißt der Käfer an der Rinde junger Bäume, während er später im Jahr die Zweige älterer Bäume bevorzugt. Dabei zerstört er das saftleitende Gewebe und kann starke Schäden verursachen, da die jungen Bäume absterben. Die Larve lebt in absterbenden Kiefernwurzeln.
Entwicklung: Die Larve frißt im Sommer und wieder nach der Überwinterung im folgenden Jahr. Der Käfer schlüpft dann im Herbst und überwintert, oft mehrmals, so daß er 3–6 Jahre alt werden kann.

4,2–5,5 mm

Gesehen: ....

Buchdrucker
Ips typographus
Familie Borkenkäfer

Aussehen: Kleiner, fast zylindrischer Käfer. Der Kopf ist unter dem großen Halsschild verborgen und trägt kurze gelbliche Fühler mit einer Keule. Das Halsschild ist schwärzlich, vorne mit groben Höckern, hinten gepunktet. Die Flügeldecken sind braunrot, am Ende flach abgestutzt und mit 4 Zähnen am Rande dieser Fläche, die für Borkenkäfer typisch ist. Auf der Oberseite gibt es Punktreihen, und die Seiten des Körpers sind lang behaart. Die recht kurzen Beine sind bräunlich gefärbt.

Vorkommen: Weit verbreitet und oft häufig in Nadelwäldern bei Fichten. Man findet ihn fast das ganze Jahr über, wegen seiner Kleinheit ist er aber seltener zu sehen als seine Fraßgänge.

Lebensweise, Nahrung und Entwicklung: Der junge Käfer vollführt zunächst einen Reifungsfraß unter der Rinde seines Brutbaumes und schwärmt dann fliegend aus. Die Männchen bohren in einem anderen Baum eine Paarungskammer, in die mehrere Weibchen einfliegen. Jedes Weibchen nagt einen geraden Muttergang, der mit Eiern belegt wird. Die Larven nagen Seitengänge unter der Rinde, in denen sie sich dann verpuppen. Da Käfer und Larven den saftführenden Bast eines Baumes fressen, können sie bei starkem Befall schädlich werden – die Bäume sterben ab.

Exotische Käfer aus aller Welt

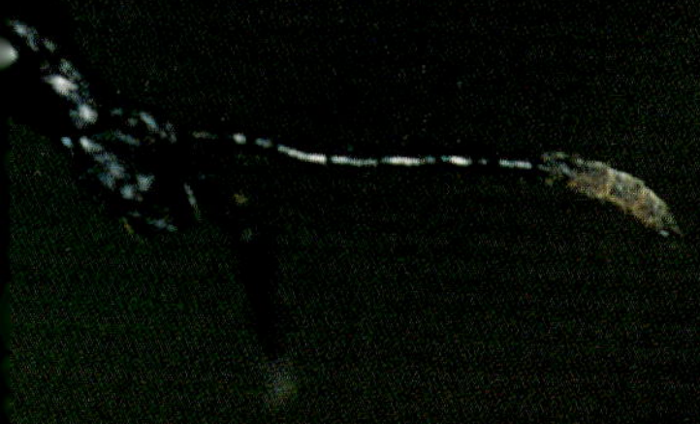

Gemessen an der Arten- und Formenfülle in den Tropen bilden die einheimischen Käfer nur einen unbedeutenden und dazu noch recht unspektakulären Abglanz. Zwar sind die wichtigsten Käferfamilien auch in Mitteleuropa vertreten, aber von manchen Familien – Hirschkäfer (*Lucanidae*) oder Prachtkäfer (*Buprestidae*) etwa – besitzen wir nur wenige und zumeist kleine Arten.

Das heißt allerdings nicht, daß es in den Tropen nur große oder farbenprächtige Käfer gäbe. Nur sind die Verhältnisse dort so günstig – konstant hohe Temperaturen, ausreichend Feuchtigkeit, Überfluß an Nahrung, dicht bewachsene und außerordentlich nischenreiche Lebensräume – daß Käfer dort enorme Größen erreichen können.

Der wichtigste Unterschied zu Mitteleuropa ist jedoch die ungeheuer große Artenvielfalt in den Tropen. So wurde errechnet, daß auf einem einzigen Regen-waldbaum bis zu tausend verschiedene Käferarten leben können.

Eine Ahnung von dieser ungeheuren Farben- und Formenfülle zu vermitteln, das ist der Zweck dieses Kapitels.

60–80 mm

Riesenprachtkäfer
Euchroma gigantea
Familie Prachtkäfer

Aussehen: Einer der größten Prachtkäfer. Oberseite metallisch grün oder kupferrot schillernd. Flügeldecken mit zahlreichen Längsrillen, in denen sich beim lebenden Käfer Blütenstaub oder Holzmulm sammelt, so daß der Käfer im Leben meist weit unscheinbarer ist. Gereinigt schimmert die Oberfläche je nach Lichteinfall in verschiedenen Farbtönen.
Verbreitung: Im zentralen Südamerika. In Regenwäldern.
Lebensweise: Die Käfer sind tagsüber auf Blüten oder an Holz zu finden. Die leuchtend metallische Färbung bildet im flimmernden Licht des Regenwaldes eine vorzügliche Tarnung. Ihre Größe und die Härte des Chitinskelettes verleiht ihnen einen zusätzlichen Schutz. Sie sind, wie alle Prachtkäfer, sehr schnelle Flieger.
Nahrung: Die erwachsenen Käfer leben von Blütenpollen und Baumsäften. Die großen, bis über 10 cm langen, beinlosen Larven leben im Holz großer Bäume, das sie mit ihren kräftig chitinisierten Kiefern zerkauen.
Besonderheiten: Diese prachtvoll leuchtenden Käfer, beziehungsweise deren Flügeldecken, wurden bereits von den Inkas zur Herstellung von Schmuck benutzt. Auch bei den heute lebenden Indianern erfreuen sie sich noch großer Beliebtheit.

40–50 mm

Schmuck-Prachtkäfer

Chrysochroa buqueti

Familie Prachtkäfer

Aussehen: Ein Käfer, der seinem deutschen Namen alle Ehre macht. Der Kopf ist rötlich gefärbt, die Flügeldecken tragen auf gelbem oder gelbrotem Grund ein Muster aus zwei kleinen azurblauen Flecken, und auch ihr letztes Drittel ist blau. Eine derartige Mischung aus Pigmentfarben und Metallglanz ist bei Prachtkäfern nicht selten.

Verbreitung: Südostasien. In Regenwäldern und an Waldrändern.

Lebensweise: Holzbewohner, die Käfer findet man auf und an Holz, aber auch auf Blüten, die Larven bohren im Holz. Welchen biologischen Sinn die leuchtenden und kontrastreichen Farben vieler Prachtkäfer haben, ist unklar. Der Metallglanz kann im flimmernden Licht des Regenwaldes durchaus zur Tarnung dienen, da der fliegende Käfer für Feinde nur schwierig zu lokalisieren ist.

Nahrung: Die Käfer ernähren sich von Blütenpollen, die Larven fressen Holz. Wie bei allen holzfressenden Käfern helfen Bakterien im Darm den Larven, die sehr schwer verdauliche Zellulose aufzuschließen.

Besonderheiten: Auch diese Prachtkäfer werden wegen ihrer schönen Farben und ihres harten Chitinskelettes von den Eingeborenen Südostasiens gern zu Schmuckzwecken verwendet.

60–100 mm

Goliathkäfer
Goliathus goliathus
Familie Rosenkäfer

Aussehen: Die prachtvoll gefärbten Goliathkäfer gehören zu den größten, bestimmt aber zu den schwersten Käfern der Welt. Die Färbung der Flügeldecken ist sehr variabel: weiß mit mehr oder weniger ausgedehntem schwarzem Gittermuster bis fast ganz dunkelbraun. Nur das größere Männchen trägt das am Ende gegabelte Horn auf dem Kopffortsatz.
Verbreitung: West- und Zentralafrika. In Regenwäldern und feuchten Baumsavannen.
Lebensweise: Ein Wunder, daß die mächtigen Goliathkäfer bei ihrem Gewicht – bis 40 g – noch fliegen können. Sie fliegen aber sehr elegant, indem sie – wie alle Rosenkäfer – nur die Hinterflügel spreizen, die Flügeldecken aber geschlossen halten. Die Käfer findet man vor allem abends und nachts an ihren Nahrungsbäumen, häufig weit oben am Stamm oder in der Krone.
Nahrung: Die erwachsenen Käfer ernähren sich vorzüglich von Baumsäften. Die riesigen, bis 15 cm langen Larven – überdimensionalen Engerlingen gleich – leben im modernden Holz mächtiger Stämme, von dem sie sich auch ernähren.
Besonderheiten: Goliathkäfer sind wegen ihrer Größe und ihrer sehr variablen Farbmuster beliebte und teuer gehandelte Objekte von Käfersammlern.

25 mm

Gehörnter Rosenkäfer
Eudicella aethiopica
Familie Rosenkäfer

Aussehen: Ein mittelgroßer Rosenkäfer mit einem auffallenden Färbungsmuster. Kopf, Halsschild und Schildchen (eine kleine, dreieckige Platte, die sich von vorn zwischen die Flügeldecken einschiebt) leuchtend grün, die Flügeldecken – bis auf die schmale grüne Naht – dazu kontrastierend einfarbig rotbraun. Das Männchen trägt ein kleines, am Ende zweispitziges Kopfhorn.
Verbreitung: Äthiopien, nördliches Ostafrika. In Wäldern und an Waldrändern.
Lebensweise: Die Käfer findet man vorzugsweise auf Blüten, seltener auch an Zweigen oder Stämmen, insbesondere dort, wo Säfte austreten. Die Engerlinge leben im morschen Holz von Stubben und gefallenen Stämmen.
Nahrung: Bei den erwachsenen Käfern insbesondere auslaufende Baumsäfte und überreife, gärende Früchte, aber auch Blütenpollen. Die Larven ernähren sich von moderndem Holz.
Besonderheiten: Anders als unsere einheimischen Rosenkäfer tragen die Männchen dieser und einiger verwandter Gattungen ein Kopfhorn, das ganz ähnlich wie das anderer hornbewehrter Blatthornkäfer zum Rivalenkampf oder Imponieren benutzt wird, denn Sieger ist, wer das größte Horn besitzt.

100–170 mm

Herkuleskäfer
Dynastes hercules
Familie Blatthornkäfer

Aussehen: Bei den riesigen Herkuleskäfern unterscheiden sich die Geschlechter beträchtlich, denn nur das Männchen trägt die eigenartigen Fortsätze an Kopf und Halsschild, dessen oberer an der Unterseite goldbraun bewimpert ist. Die Flügeldecken sind gelblich bis dunkelbraun gefärbt, der Vorderkörper ist fast schwarz.
Verbreitung: Zentrales und nördliches Südamerika. In Regenwäldern.
Lebensweise: Die Käfer findet man auf Bäumen oder am Waldboden. Selbst diese Riesen unter den Käfern können noch fliegen, wobei die Flügelspannweite bis 22 cm betragen kann. Sicher dienen die abstrusen Hörner des Männchens nicht zur Verteidigung. Sie werden aber beim Rivalenkampf der Männchen eingesetzt, allerdings, ohne dem Gegner Schaden zufügen zu können, und dienen wohl vor allem dem Imponiergehabe.
Nahrung: Die Käfer lecken Baumsäfte, fressen aber auch herabgefallene, überreife, selbst gärende Früchte am Waldboden. Die riesigen, bis fast 20 cm langen Larven fressen in moderndem Holz großer Stämme.
Besonderheiten: Die bis 100 g schweren Larven werden von den Indianern als willkommene Eiweißquelle genutzt und roh oder leicht angeröstet verzehrt.

80–120 mm

Elefantenkäfer

Megasoma elephas

Familie Blatthornkäfer

Aussehen: Sehr massige, durchweg dunkelbraun gefärbte Käfer mit gelbbraun bestäubter Oberfläche, deren Männchen ein langes, nach oben gebogenes, zweispitziges Kopfhorn tragen, sowie zwei nach vorn gerichtete, dornförmige Fortsätze am Vorderrand des Halsschildes. Die gleich großen Weibchen sind unbewehrt und wirken daher weniger massig.

Verbreitung: Mittelamerika vom südlichen Mexiko bis ins nördliche Südamerika. In Regenwäldern.

Lebensweise: Die enorm unterschiedlich großen Hörner und Stacheln der Männchen dienen wie bei allen sexualdimorphen Blatthornkäfern zum Raufen um Territorien und Weibchen. Bei diesen Kämpfen versuchen die Käfer, sich gegenseitig auszuhebeln oder beispielsweise vom Ast zu stoßen.

Nahrung: Die Käfer ernähren sich von ausfließenden Baumsäften und herabgefallenen gärenden Früchten. Die mächtigen Larven leben und fressen im morschen Holz von Baumstämmen, die erst der fertige Käfer verläßt.

Besonderheiten: Dieser massige Käfer und seine Gattungsverwandten machen ihrem wissenschaftlichen Namen alle Ehre, denn sie gehören zu den schwersten Käfern überhaupt.

20–25 mm

Goldkäfer
Plusiotis gloriosa
Familie Blatthornkäfer

Aussehen: Die Oberseite dieses auffallend gefärbten Käfers ist prachtvoll metallisch grün. Einige Furchen der Flügeldecken kontrastieren dazu mit ihrer schwarzen, schmal gelblich gesäumten Farbe.
Verbreitung: Südliche USA, Mittelamerika. In mehr oder weniger dichten Wäldern.
Lebensweise: Die zahlreichen Arten der mittel- und südamerikanischen Goldkäfer findet man zumeist auf Blättern, seltener auch auf Blüten verschiedener Pflanzen. Die Larven leben in der Erde vergraben, meist in der Nähe von Pflanzenwurzeln. Trotz ihrer metallischen Färbung sind Goldkäfer im dichten Laub nicht leicht zu erkennen. Es handelt sich also um eine Tarnfärbung.
Nahrung: Die erwachsenen Käfer sind vorzugsweise Blattfresser. Die engerlingsartigen, bodenlebenden Larven benagen vor allem Wurzeln. Beide, Käfer und Larven, können bei Massenbefall durchaus schädlich werden.
Besonderheiten: Die wunderschön grüngolden oder golden, zuweilen auch silbern schimmernden Goldkäfer sind beliebte Schmuckstücke bei den Eingeborenen und wurden schon von den Inkas dafür benutzt. Heutzutage gefallen sie den Käfersammlern ebenso, und die selteneren Arten sind teure und beliebte Sammlerstücke.

30 mm

Heiliger Pillendreher
Scarabaeus sacer
Familie Blatthornkäfer

Aussehen: Ein großer, schwarzer oder schwarzgrüner Pillendreher mit besonders stark gezähnten Vorderschienen und auffallend gezackter Stirn.
Verbreitung: Fast ganz Afrika, Vorderasien. In Savannen, Steppen und Halbwüsten.
Lebensweise: Der Heilige Pillendreher macht seinem Namen alle Ehre, denn wie seine Verwandten dreht und transportiert er Brutpillen, die um ein Vielfaches schwerer sind als er selbst. Die Pillen werden aus frischen Dung hergestellt, mit den Hinterbeinen rückwärts laufend fortgerollt und an einer geeigneten Stelle im Erdboden vergraben. Dazu setzt der Käfer die stark gezähnten, kräftigen Vorderbeine wie Grabschaufeln ein.
Nahrung: Die Käfer und seine Larven ernähren sich vom Dung, der ja einen großen Bestandteil an unverdautem pflanzlichem Material enthält.
Entwicklung: Die Larven schlüpfen aus Eiern, die in der Nähe der vergrabenen Kotpille abgelegt wurden, und fressen diese Pille im Lauf ihrer Entwicklung auf.
Besonderheiten: Der Heilige Pillendreher mit seinem Dungball galt bei den Alten Ägyptern als Symbol des unaufhörlichen Kreislaufes der Sonne, seine steinernen Abbilder legt man den Verstorbenen als Zeichen für die Auferstehung auf die Brust.

60–70 mm

Australischer Pracht-Hirschkäfer
Phalacrognathus muelleri
Familie Hirschkäfer

Aussehen: Dies ist sicher einer der schönsten Käfer der Welt und übrigens auch ein sehr seltener. Die Oberseite ist ein metallisches Grün, das je nach Lichteinfall auf den Seiten der Flügeldecken in strahlendes Kupferrot übergeht. Die Männchen tragen ein nach oben gebogenes, an der Basis und am Ende gegabeltes Geweih. Die Weibchen sind wie bei allen Hirschkäfern unbewehrt. Die kurzen Kiefer der Weibchen sind allerdings besser geeignet, sich in das Holz einzubohren.
Verbreitung: Ein sehr begrenztes Gebiet im nordöstlichen Queensland, Australien. Kommt nur im dichten Regenwald vor.
Lebensweise: Die erwachsenen Käfer findet man an Holz oder am ausfließenden Saft kranker Bäume. Die Larven leben nur in den modernden Stämmen mächtiger Regenwaldbäume.
Nahrung: Die Käfer ernähren sich, wie alle Hirschkäfer, in erster Linie von Baumsäften, die sie mit ihren zu einer Leckzunge umgestalteten Mundwerkzeugen aufsaugen können. Die Larven fressen moderndes Holz.
Besonderheiten: Dieser Käfer ist seiner prachtvollen Farben, aber auch seiner Seltenheit wegen, ein hochgeschätztes Sammlerstück. Er ist aber inzwischen streng geschützt, und Sammeln und Ausfuhr sind verboten.

140–170 mm

Riesenbock
Titanus giganteus
Familie Bockkäfer

Aussehen: Ein gigantischer, relativ breiter Bockkäfer mit ziemlich kurzen Fühlern, von dem behauptet wird, er könne sogar 20 cm Länge erreichen. Kopf und Halsschild sind schwarzbraun, die Flügeldecken werden nach dem Ende zu heller braun. Der flache Halsschild ist seitlich gezähnt. Die mächtigen Kiefer dienen dazu, sich im Holz Gänge zu bohren.
Verbreitung: Nördliches Südamerika bis in das Amazonasbecken. In Regenwäldern.
Lebensweise: Wie die meisten Bockkäfer ein Holzbewohner. Dieser Riese unter den Insekten erreicht nun wirklich eine Größe, oberhalb derer Käfer nicht mehr fliegen können. Infolge seines Gewichtes beschränken sich seine Flugkünste darauf, von den Bäumen herabzugleiten. Hinauf jedoch muß er klettern.
Nahrung: Der erwachsene Käfer ernährt sich vermutlich von Baumsäften. Genau weiß man das allerdings nicht, weil der Riesenbock offenbar sehr selten ist. Die bis 25 cm langen, beinlosen Larven ernähren sich von Holz und fressen in Stämmen dicker Regenwaldbäume.
Besonderheiten: Bis vor kurzem war der Riesenbock fast nur von angeschwemmten oder in Fischmägen gefundenen Exemplaren bekannt. Er ist ein gesuchtes und teures Sammlerobjekt.

60–80 mm

Davidsbockkäfer
Batocera davidis
Familie Bockkäfer

Aussehen: Ein sehr großer, langgestreckter, zylindrischer Bockkäfer mit langen Fühlern und zahlreichen weißen Flecken auf schwarzgrauem Grund. Fühlerglieder auffällig geringelt und am Ende geknotet.
Verbreitung: Südchina, auch auf Taiwan. In dichten Wäldern.
Lebensweise: Dieser markant gezeichnete Bockkäfer ist vorzugsweise nachts aktiv, er fliegt gern und gut und ist am ehesten am Licht zu finden.
Nahrung: Die Käfer selbst ernähren sich von Baumsäften und von Blüten. Ihre bis über 10 cm Länge erreichenden, zylindrischen, beinlosen Larven leben im Holz mächtiger Bäume, wo sie mit ihren sehr kräftig chitinisierten Kiefern auch hartes Kernholz zerfressen können.
Besonderheiten: Bei dieser Art, noch ausgeprägter allerdings bei einigen verwandten Arten, sind die Fühler der Männchen immer erheblich länger als diejenigen der Weibchen. Bei manchen Arten erreichen sie mehr als die doppelte Körperlänge und werden dann bis über 20 cm lang. Die Fühler sind dicht mit Riechsinnesorganen besetzt, die es dem Männchen ermöglichen, die Weibchen auch über große Distanzen aufzuspüren. Die hellen Flecken auf den Flügeldecken lösen den Körperumriß des am Stamm sitzenden Käfers auf.

60–70 mm

Harlekinbock
Acrocinus longimanus
Familie Bockkäfer

Aussehen: Eine besonders auffällig gemusterte Art, die ihren deutschen Namen durchaus zu recht trägt, denn die Zeichnung der Flügeldecken – bestehend aus schwarzen, grauen und rosaroten Streifen und Flecken – erinnert auffallend an ein Harlekinkostüm. Während der Käfer nur 6 – 7 cm lang wird, erreichen die monströsen Vorderbeine fast das Doppelte an Länge. Welche biologische Bedeutung diese unproportionierten Vorderbeine besitzen, ist noch unklar.
Verbreitung: Tropisches Südamerika. In Regenwäldern.
Lebensweise: Ein Waldkäfer, der an und in Bäumen lebt und gelegentlich auch das Licht anfliegt.
Nahrung: Die Käfer lecken vermutlich Baumsäfte und fressen Blütenpollen. Die Larven bohren im Holz von gefallenen Stämmen. Wie fast alle Bockkäferlarven sind sie Holzfresser.
Besonderheiten: Auf den ersten Blick wirkt das auffallende Muster dieses Käfers wie eine Warntracht. Im Halbdunkel des Regenwaldes und vor dem Hintergrund flechtenbewachsener Baumstämme allerdings kann man dieses Muster, ebenso wie die hell-dunkel geringelten, langen Fühler, durchaus als den Körperumriß auflösende Tarntracht ansehen. Tatsächlich ist der Käfer, solange er sich nicht bewegt, nur sehr schwer auszumachen.

10–20 mm

Giraffenkäfer
Trachelophorus giraffa
Familie Rüsselkäfer

Aussehen: Mit seinem giraffenartig langen Hals, der sich aus der verlängerten Vorderbrust und dem gleichfalls nach hinten enorm verlängerten Kopf zusammensetzt, ist der Giraffenkäfer eine besonders abstruse Käfergestalt. Der glänzend schwarz gefärbte Körper im Kontrast zu den leuchtend roten Flügeldecken verstärkt noch diesen Eindruck.
Vorkommen: Madagaskar. In Regenwäldern.
Lebensweise: Der Käfer ist vorzugsweise auf Blättern von Regenwaldbäumen zu finden.
Nahrung: Käfer und Larven ernähren sich von Blättern, wobei jedoch die Larven den Schutz ihrer Blattgehäuse genießen.

Entwicklung: Dieser Angehörige der Familie Rüsselkäfer gehört zu den Blattrollern, von denen wenige Arten auch bei uns vorkommen. Die Weibchen schneiden mit ihren Kiefern Blätter in bestimmter Weise ein, rollen sie dann trichter- oder tütenförmig zusammen und bestücken sie mit einem Ei. Die Larve ernährt sich nach dem Schlüpfen von ihrem Blattgehäuse und ist außerdem darin noch gegen Feinde geschützt.
Besonderheiten: Auffällig ist die sehr unterschiedliche Länge des „Giraffenhalses“ bei diesem Käfer. Es ist aber nicht bekannt, welche Bedeutung die enorme Variationsbreite besitzt.

10–15 mm

Weißer Wüstenkäfer
Onymacris plana
Familie Schwarzkäfer

Aussehen: Einer der südafrikanischen Schwarzkäfer, der seinem Namen Lügen straft, weil er nicht schwarz, sondern überwiegend weiß gefärbt ist. Die gesamte Oberseite sowie die Beine sind weiß bestäubt und die Rippen der Flügeldecken mit weißen Buckeln besetzt.
Verbreitung: Namibia, südwestliches Afrika. Nur in der Namib-Wüste auf purem Sand.
Lebensweise: Diese Schwarzkäfer der trockensten Wüsten sind Meister darin, sich den ungünstigen Verhältnissen anzupassen. Ihre helle Oberseite wirft ein Großteil der Strahlung zurück, so daß sie sich nicht zu sehr aufheizen. Die enorm langen Beine ermöglichen es ihnen, ungeheuer schnell zu rennen. Und geschwind in den lockeren Sand eingraben können sie sich auch.
Nahrung: Die erwachsenen Käfer verzehren alles, was sie finden: Aas, Pflanzenreste, Detritus jeder Art. Die tief im Sand verborgenen Larven nagen an Wurzeln und fressen ebenfalls verrottetes Pflanzenmaterial.
Besonderheiten: Die Anpassung an die wüstenhaften Bedingungen geht so weit, daß diese Käfer ihren Feuchtigkeitsbedarf aus dem nächtlichen Nebel decken, der an ihrer Körperoberfläche als Tröpfchen kondensiert, die dann entlang bestimmter Rinnen zum Mund gelenkt werden.

Register